www.The-Short-Story.com

de Ginder

Die Fenstergucker

www.The-Short-Story.com

www.The-Short-Story.com

Bestell-Nr. 0150401

Copyright © 2004
Verlag Universal Frame GmbH
Zofingen - München
Eine Edition aus Texten unserer Internet-Seite
www.The-Short-Story.com
Alle Rechte vorbehalten
Herstellung: Books on Demand GmbH, Norderstedt
Umschlaggestaltung Werner Hense
Titel-Illustration Flavia Westerwelle

ISBN 3-9522981-2-3

Inhalt

01 Besser mer sieht nix 7
02 Paket mit Schweinkram 10
03 De Ortsfunk 14
04 Helau 18
05 De Dönerfresser 21
06 Dorscht 23
07 Lewwenskünstler 25
08 Juchendsünde 28
09 Wie's Elend durch die Geschend leefd 32
10 Scheinehe 36
11 Schwarzawweider 41
12 Die Begnadischung dursch de Pfarrer 45
13 Afrika kan ned weit weg seu 48
14 Sportlerehrung 51
15 DNA unn Telekom 54
16 Erwwe 56
17 Juchendlische 59
18 Pfand uff Blechdose 63
19 De Hochduckreinischer 67
20 Fußballer unn Streiker 71
21 Mit zwaa Euro komme die ned weit 75
22 Lichtallergie-Kure 79
23 Dess letzte Wort 83
24 Ehrung von de Torngemeinde 87
25 Nervensäsche 91

Besser mer sieht nix

Er: Schau ämol. Die Wachner, die leeft jetzt schon die dritt Woch mit dem selbe Kleid rum
Sie: Ja, schlimm, wenn de Mann arbeitslos iss.

Er: Den ham'se rausgeschmisse.
Sie: Woher waast'n des schon widder?

Er: So ä Klaastadt hat ihre Ohr'n überall - Willi hat's mer erzählt.
Sie: Und warum ham die den rausgeschmisse?

Er: Er hat sisch geweischert, neue Etikette übers Verfallsdatum zu mache
Sie: Und jetzt verfällt er dehaam dem Suff

Er: Trinkt der jetzt werklisch?
Sie: Die Meier hat gesacht, der würd heimlisch beim Wasserhäusje Alkohol hole

Er: Die Meier muß des grad saache, der ihr'n Mann steht doch de ganze Daach an dem Wasserhäusje
Sie: Ewwe daher waas die des ja aach

Er: Guck ämol. Die Helfrisch, wie ufffgedonnert die wieder rumrennt
Sie: Kaa Wunner, wenn de Mann Workoholic iss

Er: So viele Überstunde kann der ihr'n Mann ja gar ned mache, wie die des Geld beim Fenster raus schmeißt

Sie: Ä neu Kleid könnt isch aber aach mal wieder gebrauche
Er: Willst du disch mit dem neue Kleid hier ans Fenster setze?

Sie: Nee, du, isch würd aach ämol stolz durch die Gasse spazier'n
Er: Stolz iss Gift für die Seel

Sie: Aber des Gift guckt ihr doch gern aa, oder?
Er: Komm, jetzt hör uff mit mir rumzudiskutiern, es kimmt ja eh ned uff die Verpackung an - schau nur, wie der Bauer Heini Rad fährt

Sie: Der fährt wie besoffe
Er: Seid seim Schlachanfall fährt der so

Sie: Derf mer dann nach em Schlachanfall noch radfahrn?
Er: Isch glaub ned, aber wer kontrollier't'n des aach?

Sie: Guck ämol, der fährt doch glatt bei rot über die Ampel
Er: Sieht der dann nix mehr?

Sie: Ohje!
Er: Jetzt hats aber geknallt

Sie: S'war ja aach rot
Er: Den hats ganz schö hiegeschmettert

Sie: Ei, warum holt dann kaaner en Krankewaache
Er: Da guck nur, die Schaulustische

Sie: Furschtbar
Er: Die Glotzer stehn nur dumm rum und kaaner holt Hilf

Sie: Da, isch hör schon die Sirene
Er: Ja, jetzt hör isch die aach

Sie: Die Polizei iss werklisch schnell heutzutachs
Er: Dene ihre Waache fahr'n heut aach schneller wie früher

Sie: Da kimmt ja endlisch de Krankewaache
Er: Ob der tot iss?

Sie: Nach dem Schlachanfall aach noch sowas
Er: Manche trifft's doppelt hart

Sie: Guck ämol, der aane Polizist kimmt jetzt in unser Rischtung
Er: Was der wohl will?
Polizist: Guten Tag meine Herrschaften

Sie: Tachchen
Er: En wunnerschöne
Polizist: Sagen sie mal, haben sie beobachtet, wie es zu dem Unfall gekommen ist?

Sie: Nee
Er: Nö
Polizist: Na dann nichts für ungut

Sie: Weg isser. Mensch Eschon, kannst'de der vorstelle, wenn mir dem gesacht hätte, daß der bei rot über die Ampel gefahr'n iss?
Er: Vor Gerischt hätte die uns als Zeusche gezerrt und womöschlisch hätte die uns noch vorgehalte, daß mir den Bauer Heini ned gewarnt habbe.

Sie: Do isses besser mer sieht nix
Er: Uff dem Aach bin isch blind

Paket mit Schweinkram

Sie: Guck ma, de Otto-Karl führt sein Staubwedel aus
Er: Des iss en Hirtehund

Sie: Die arme Viecher sehe ned ämol, wo se hiescheisse due
Er: Isch awwer schon, do, guck nur, der setzt en Haufe direkt an de Randstein

Sie: Iss des ned lächerlisch, mit em Schaufelsche un ä Papierdud hinner so em Hund herzurenne un dem seu Stinkhaufe uffzusammele?
Er: Die Welt wird immer verrigder, früher hod de Hofhund in de Hof geschisse und fertisch, de Reesche hods weggeschwemmt, heut hod zwar ned jeder en Hof, awwer en Hund

Sie: Guck ma, die Bauer Rosel, die hinkt jo
Er: Had sich jo aach ä künstlisch Hüftgelenk eibaue lasse

Sie: Des hod se nun devon, hinkt
Er: Gesche den Ärztepfusch kannste nix mache, wenn de klaachst, klaachste Jahrzente un wer gewinnt, des sinn die Anwält

Sie: Die had jo aach gar nix zu klaache, die Bauers, die ham doch letzt Jahr erst wieder ä paar Äcker verkaaft, was Bauland geworrn iss.
Er: Isch kann der saache, warum des Bauland geworrn iss.

Sie: Warum?
Er: Mer munkelt, daß dem sein Vetter, der im Parlament sitzt, do ä bissi nachgeholfe hat

Sie: Wärst du in die Politik gegange, wär'n mir heut aach Millionärn
Er: Dadefer hab isch awwer ä reines Gewisse

Sie: Dadefer kann sich deu Fraa awwer nix kaafe
Er: Do guck de alde Müller kriescht schon widder ä Paket

Sie: Wos der nur dauernd geliefert kriescht?
Er: Seid der Witwer iss, läßt der sisch dauernd von der Beate Uhse so'n Schweinkram schicke

Sie: Maanst du werklisch?
Er: Ei sischer. De Fuchs Willhelm had mer des erzählt

Sie: Woher waas dann der des?
Er: Ei der schafft doch bei de Volksbank un do had der mitgekriescht, wie de Müller Beate Uhse Aktien gekaaft had

Sie: Kann mer mo sehe, was aus so em aaständische Mann wird, wenn die Fraa es zeitlische seeschnet
Er: Do guck, der Paketzusteller kann lang klingele, de Müller iss nämlisch vorhin mit em Fahrrad fort

Sie: Isch hab en gesehe, buntisch Trikot an, Sturzhelm und ä Rennrad unnerm Arsch
Er: Gesundheitsfanatiker. Irschendwann end des ämol schlimm

Sie: Zuviel Sport kann ned gesund seu
Er: Guck, der Postler will doch ned etwa des Paket zu

uns bringe, bloß weil der Herr Gesundradler ned dehaam iss.

Postler: Guten Tag die Herrschaften. Könnten sie das Paket hier vielleicht für ihren Nachbarn, Herrn Müller, annehmen?

Sie: Von wem iss dann des Paket?
Postler: Von Neckermann!

Er: Schmeisese dem doch ä Abholkart in de Briefkaste
Sie: Mir ham kaa Zeit für so was

Postler: Schönen Tag noch!
Er: Frohes Schaffe!

Sie: Do geht er hie - hod der gedenkt, mir nemme dem sein Schweinkram an?
Er: Nee, nee, jetzt hod der Neckermann aach schon so'n Scheiss im Angebot, ned zu glauwwe

Sie: So'n Kataloch kimmt mer aach ned ins Haus, mit so'm Schweinkram
Er: De NKD iss ja aach gleisch um die Eck, wos brauche mir do so'n Kataloch?

Sie: Do guck der den aa!
Er: Sauerei, kackt dem seun Hund uff die Gass und der geht aafach weider

Sie: Irschend so en Assi, der grad uff'm Sozialamt war
Er: Unn kaa Geld für ein Handfescher und ä Dudde

Sie: Wie der Herr, so's Gescherr - so wird aus em bravo Hund än assoziale Straßescheisser
Er: Der zahlt garantiert kaa Hundesteuer

Sie: Der sieht ned so aus, als ded der die zahle
Er: Awwer uns de Soli aus de Dasch ziehe

Sie: Irschendwo müsse die jo die fehlende Steuereinnahme widder ausgleische
Er: Komm machs Fenster zu, isch kann des Elend nemmer sehe

Sie: Isch koch uns en schöne Kaffee und dann gugge mer Vera am Mitdaach
Er: Wos für Thema iss'n heut dran?

Sie: Isch glaab "Nachbar, du gehst mir auf den Sack!"
Er: Immer interessante Theme, die Vera

Sie: Jo

De Ortsfunk

Sie: Da gugge ma, die alde Brüch iss wieder von de Kur zurück
Er: So wie die geht, had die Kur awwer nix genutzt

Sie: Des wär ja aach ä Wunner, wenn die was genutzt hätt
Er: Genutzt hat die Kur eh nur dene dort angesiedelte Ärzt

Sie: Kaa Wunner, wenn die von unserer Rente so hohe Krankekassebeiträsch erhewwe
Er: Do gugg, des alde Schnattermaul von Roth labbert der Könisch die Ohrn voll

Sie: Wenn de der was erzählst, was es ä Stunn später die ganz Stadt
Er: Des ist halt de drahtlose Ortsfunk

Sie: Des gibt's doch ned, guggemol, die Ott krieschd esse uff Räder
Er: Ned nur, daß bei der im Gadde des Unkraut zu blühe aafängt, jetzt iss die aach noch zu faul zum koche geworn

Sie: Des kann doch ned schmecke, was die do aaliefern
Er: Der Slogan esse uff Räder müßt eischendlisch "Tod uff Rate" heiße

Sie: Bestimmt dun die des verseuchte Fleisch in so Küche liefern

Er: Sozialverträglicher Abgesang nenn isch sowas

Sie: Do guck, de Ortsfunk kimmt uff direktem Wesch zu uns
Er: Gudde Morsche Frau Roth

Frau Roth: Guude Morsche. Habders schon gehört, de Winkler Rudi had heut Morsche die Löffel abgegewwe

Sie: Saache se bloß, wie dann des?
Frau Roth: 's Herz!

Sie: Awwer der hat doch en Herzschrittmacher gehabbt
Frau Roth: Aan Moment ä Fehlfunktion und baff, do leihsde

Sie: Isch saach ja immer "Fluch der Teschnik", des hadder nu dadefo
Frau Roth: Wißt ihr schon, wer gestern de Führerschein abgewwe mußt?

Sie: Ei, wer dann?
Frau Roth: Em Scheitler sein Jüngste

Sie: Iss der widder ämol besoffe gefahrn?
Frau Roth: So isses

Sie: Des mußt ja ma so komme, vielleischt lernt er was debei
Frau Roth: Des glawwe se doch selbst ned, daß mer dem noch was beibringe könnt

Sie: Ma unner uns, awwer was soll dann aus so Kinner wern, wenn de Alde ä kriminell Vergangeheit hat?
Frau Roth: Wie der Herr, so's Gescherr

Er: Was had dann der für ä kriminell Vergangeheit?
Sie: Ei bei dem war doch die Steuerfahndung

Er: Awwer isch dacht, des Verfahrn wär niedergeschlaache worn?
Sie: Na und?

Frau Roth: So, isch muß noch beim Aldi vorbei, die hawwe heut Woll im Aagebot
Sie: Na dann, en scheene Taach noch

Er: En wunnerscheene
Frau Roth: Adele

Sie: Gugg, rennt die in de Aldi, wesche ä paar Wollknäuel
Er: Die soll ja ganz besonners geizisch seu

Sie: Des kannsde laut saache. Die wart manschmaa am Samsdaach beim HL-Markt ab halb zwaa und wart, wann die verderblisch Waar schnell noch ärunner gesetzt wird
Er: Ei, woher waasd'n des schon wiedder?

Sie: Ei, isch war halt grad aach zufällisch mo dort
Er: Eischendlisch könnde mer mo wiedder esse gehe

Sie: So weit kimmt's noch. So lang isch noch uff de Baa stehe kann, koch isch uns aach noch was
Er: Wos kochsde dann heut?

Sie: Ä Suppehuhn - war im Aagebot
Er: Schon widder?

Sie: Ja du deddst die Rente mit volle Händ ausem Fenster werfe. Wenn's nach dir ging, dede mer in Kur fahrn, dede im Feinkostlade eukaafe, dede's Geld in die Wertschaft traache un dene Wirtsleut ihrn Mercedes finanziern.

Er: 's geht jo gar ned nach mir

Sie: Ewwe, zum Glück.

Helau

Sie: Gugg derr den Kahabker Franz an, wie der sisch uffführt
Er: Wie kann mer sisch nur so lächerlisch mache?

Sie: Der maant, er könnt als Neescher gehe und kaaner erkennt en
Er: So en dicke Ranze erkennt mer doch uff drei Meile

Sie: Da, de Waache von de freiwillisch Feuerwehr
Er: Wasd du, warum die all freiwillisch dort san?

Sie: Weil's do ä paar Freiwillische gibt, die immer aan ausgewwe
Er: Falsch. Erstens brauche die ned zum Bund, wenn die zehn Jahr zur Feuerwehr gehe und zwaatens sinn des so verkappte Spanner - wenn's irschendwo knallt oder brennt, immer als erstes am Ort des Geschehens

Sie: Do, gugg der den Ort des Geschehens aa. Die halb Mannschaft iss schon besoffe. Wenn's jetzt brennt, brennt's gut.
Er: So en Umzuch, kannst de ja aach nur besoffe ertraache

Sie: Wieso des dann?
Er: Ei, in so ä Stimmung kommsde doch ned ohne Alkohol, do mußte schon was an de Mattscheib hawwe, um bei der Kält und dene kamellegeifernde Zuschauer drei Stunn zu lache

Sie: Wenn isch dir Alkohol gewwe däd, dädste aach andauernd ärumlache
Er: Gugg, de Waache vom Schützeverein

Sie: Pass uff, die ziele genau uff unser Fenster ...
Er: Oh weija

Sie: So ä Sauerei, wer soll dann den Konfettischeiße wieder wegmache, den die aam dursch's Fenster schieße?
Er: Bei de Fassnacht muß mer halt aach ämol Opfer bringe

Sie: Trotzdem ä Sauerei. Isch hab den Löw Hans ganz genau gesehe, wie der uff uns gezielt had
Er: Iss des ned der, den de ämol aagezeischt hast?

Sie: Genau des iss der, des war die Sach mit dem Falschparke
Er: Zum Glück hattsde den ja fotografiert, sonst wär der nie verknackt worn

Sie: Kennst jo meu Motto. Es hod noch nie bereut Auszugehe mit Polaroid
Er: Gugg, es Prinzepaar

Sie: Wie kann mer sich nur so ärablasse?
Er: Wie maanst'n des?

Sie: Ei waast dann du ned, wieviel die dodefer bezahle müsse, um do die Hauptroll zu spiele?
Er: Isch kann mer's denke

Sie: Du host jo kaa Ahnung. Des iss mehr, als du in drei Johr an Rente krieschst
Er: Liewwer drei Johr Rente, als aan Daach Prinz

Sie: Wieso des dann jetzt?
Er: Hermer uff. Erst mußte derr vom Oberbürschermeister de Stadtschlüssel üwwergewwe lasse, obwohl der gor kann Fassnachter iss und der des Lache eh schon verlernt hod, dann mußte in die ganze Sitzunge gehe, wo sich die Owwerreische ä Kart dursch was waas isch für Quelle ergattert hawwe, unn du waast ja, wie die des Lache do bei dem Geldgeiern verlernt hawwe, und zu guuder letzt mußt de aach noch en Großteil von dene Karamellgelder spendiern - un do wird es Geld quasi ausem Narrefenster geworfe

Sie: Was du alles so waast. Waast du eischendlisch, wie lang die an dem Motivwaache do unne von de Turngesellschaft gebaut hawwe?
Er: Kaa Ahnung

Sie: Isch kann der's saache: Ä ganz Johr!
Er: Des gibt's doch ned, dodefer brauch mer doch kaa Johr

Sie: Brauch mer schon, wenn mer die Alde dehaam ned so oft sehe will!
Er: Vielleicht sollt isch aach ämol bei dene Uffbaute mithelfe

Sie: Dir wird isch helfe, komm, hol lieber de Staubsaucher und sauch die Konfetti uff!
Funkenmariechen: Helau!

Er: Helau!

Sie: Halt dei Maul!
Er: Iss ja schon gut!

De Dönerfresser

Sie: Gugg der die Dreckbande an. Vorne bei dene Terke die Döner kaafe und hier die Alufolie und die Serviette hieschmeisse.
Er: Saubande, als könnte die ihr'n Abfall ned bis zum nächste Müllaamer traache

Sie: Ei des mache die doch extra
Er: Provoziern haasd bei dene des Stischwort

Sie: Un die soll'n ämol unser Rente finanziern
Er: Ja dann guud Nacht Rente

Sie: Ham mir sowas gemacht, als mir jung warn?
Er: Nee du, awwer do gab's jo aach noch kaa Dönerläde

Sie: Ja ham mir dann üwwerhaupt ämol irschend was uff de Bode geschmisse?
Er: Gar nix, mir ham halt noch gewußt, was Aastand iss

Sie: Gugg der se aa, wie se aach ärumlaafe, Hose drei Nummern zu groß, Tornschuh und die Kapp verkehrt ärum uff
Er: Die sinn zu doof ä Kapp rischdisch uffzusetze

Sie: Un wenn's dunkel werd, werd die Sprühdos ärausgeholt un alles besprüht, was ned weglaafe kann
Er: Wenn die wenigstens Kunstwerke schaffe däde, awwer die Kritzele ja nur ärum

Sie: Do gugg, äm Grimm Peter sein Älteste
Er: Der had noch immer kaa Stell gefunne

Sie: Gugg der'n doch aa, dädst du den eustelle?
Er: Isch däd doch kaan eustelle, der hunnert Ring am Ohr had

Sie: Der sollt sich ämol beim Ringcenter bewerwwe
Er: Ned ämol do däde die den nemme

Sie: Do gugg, do kimmt schon wiedder so en Dönerfresser
Er: Kannsde direkt druff warte, bis der seun Abfall uff'n Bode schmeisst

Sie: Gugg, wos mescht der dann jetzt?
Er: Wos mescht dann der an unsere Mülltonn?

Sie: Des gibt's doch ned, der schmeisst sein Dreck bei uns in die Mülltonn
Er: Heh, sie da!

Dönerfresser: Was?
Er: Sie, des geht ja ned, daß sie ihr'n Dreck in unser Müllttonn schmeisse!

Dönerfress: Leck mich!
Er: Wart, dir geb isch gleisch!

Sie: Freschheit!
Dönerfresser zeigt Stinkefinger und geht weiter

Er: Haste des gesehe?
Sie: Des gehört aagezeischt!

Er: So ä verkommenes Subjekt
Sie: Drecksack

Dorscht

Sie: Da, gugg der den aa
Er: So besoffe war isch mein Lebdaach noch ned

Sie: Der geht, als ded äm Windstärke 11 entgeesche komme
Er: Gugg, wie der sisch an der Latern festhält. Isch lach misch kapputt

Sie: Äscht de Brüller, jetzt verneischt er sisch vor jedem der vorbeigeht
Er: Gugg nur, der find seun Mund gor ned mehr für die Flasch un schüd sisch alles uff de Pullover

Sie: So en Dabbes
Er: Haha, jetzt hat's en hiegebrettert

Sie: Do leit 'er und kimmt nemmer hoch, ä zu schee Bild
Er: Dadebei iss des doch gar ned so glatt

Sie: Gugg, jetzt zieht er sisch an der Latern widder hoch
Er: Stürmische See heut Kamerad, isch lach mer noch än Ast

Sie: Oh, oh, oh, jetzt wird Ballett gedanzt
Er: Siehste, widder Geld gespart für's Theater - hier iss des Lewwe life

Sie: Kostenlose Vorführunge liewwe mir ja so sehr
Er: Mir komme schon die Träne, isch kringel misch gleisch

Sie: Gugg, jetzt kimmt er zu uns ärüwwer
Er: Guude Morsche Kollesche, subber oder normal getankt, haha

Besoffene: Äääääääääää

Sie: Gugg, die alt Sau hat uns vor die Tür gekotzt
Er: Du Lumbes, du hergelaafener Stiewwelwichser

Sie: So ä Sauerei, oh wart
Er: Jetzt haut er ab, der Schluckspecht

Sie: Besoffene Bagasch
Er: Asoziale Elemende, nixnutzisch de ganze Daach ärumsaufe

Sie: In Awweitslaacher gehörn die gesperrt
Er: Un uff halwe Ratione gesetzt

Sie. Komm, hol de Gardeschlauch und spritz den Scheiß do unne weg, mer riecht's schon

Er: Deiwwel noch äma, des iss werklisch ned zum lache

Lewwenskünstler

Sie: Gugg, da kimmt unser Herr Künstler gelaafe
Er: Möschtegernkünstler

Sie: Der iss ja jetzt in de Künstlerverein eingetrete
Er: Lauter Lebenskünstler sinn do drin

Sie: Meschsde zwaa Strich uff die Leinwand, schon bisde en Künstler
Er: Oder wie bei dem Gedenkstaa am Wilhemsplatz - haust mit de Hacke dreimol uff de Granit und zack kost des Ding hunnerttausend

Sie: Oder wie unser Herr Künstler hier, gehst aamol die Woch in die Büscherei, liest ä paar Gedichte von Wilhelm Busch - und schon bisde selbst en Künstler
Er: Die Kunst liescht ja aach ned in dem was mer mescht, sonnern in dem wie mer des vermarkte dud

Sie: Ewwe, un dadezu gibt's ja den Künstlerverein, do beweihräuchern die sich all gegeseitisch und zack sinn se all Künstler
Er: Nur de Vorsitzende ned, de Wolf Heinz, der spielt sich als Mäzeen uff

Sie: Kaa Ahnung von Kunst, aber mäzenieren
Er: Was?

Sie: Na, dene ihrn Scheiss teuer uffkaafe und so Vernisaasche mache
Er: Ohne Mäzene, wär'n die all schon verhungert

Sie: Komm, jetzt her uff, de Owwermäzen für die iss doch es Sozialamt
Er: Deutschland fördert halt seune Talente

Sie: Jetzt erzähl mer ma, was deGinder für ä Talent hawwe sollt?
Er: Zumindest des, daß er's Sozialamt ausnemme dud

Sie: Hat der dann schon ämol was veröffentlischt?
Er: So wie der rumleeft ned

Sie: Ei, isch hab noch nix von dem gelese
Er: Du liest ja aach außer'm Dreieichspieschel nix anners

Sie: So weit käms noch, daß isch dem sein Käs lese däd
Er: Die Fenkel Hermi hat gesaacht, daß der unner'm Pseudonym schreiwwe däd

Sie: Des sinn mer die allerscheenste, pseudonyme Dreckkram für lüsterne Mannsbilder schreiwwe un ned mit seim Name dadefer grad stehe
Er: Gugg, der kimmt direkt zu uns

DeGinder: Hallo Tante Trude, hallo Onkel Egon
Sie: Na Ginder, wie geht's?
DeGinder: Gut, tanke gerade etwas frische Luft für neue Ideen

Er: Gute Ideen kann mer immer gut gebrauche
DeGinder: Auf der Straße laufen die besten Geschichten herum

Sie: Wem seeschsde des, do kennt isch der ä ganz Buch voll schreiwwe
DeGinder: Ei, warum machst du das denn nicht?

Sie: Dodefer hab isch kaa Geduld
DeGinder: Mußt ja nicht gleich alles auf einmal schreiben

Sie: Wenn's reschnet, denk isch ämol doderüwwer nach
DeGinder: Mach das mal, überall sitzen heimliche Künstler

Sie: Dodefo gibt's ja schon genuuch
DeGinder: Schönen Tag noch euch beiden

Sie: En wunnerscheene
Er: Dito

Sie: Zack weg iss'er. So weit käm's noch, daß isch zu schreiwwe aafange däd
Er: Der wollt disch doch nur haamlisch für sein Künstlerverein anwerwe

Sie: Könnt seu, so en hinnerlistische Fuchs
Er: Heutzudaachs mußte uffpasse wie en Deiwwel, sonst biste ruckzuck zum Künstler abgestempelt

Sie: Alles Nepper, Schlepper, Bauernfänger
Er: Komm, mir gugge die Oliver Geissen-Show

Sie: Was kimmt dann heut für ä Thema?
Er: Isch glaab "Schuldenmachen ist keine Kunst!"

Sie: Do gugge mer doch liewwer Barbara Salesch
Er: Do sieht mer's wahre Lewwe

Sie: Uff de Ankaachebank un ned uff de Gass
Er: So isses

Juchendsünde

Sie: Gugg, was wolle die dann mit ihr'm Bauwaache da?
Er: Sieht so aus, als wollte die die Straß uffrobbe

Sie: Nee, du, ned schon widder, die ham doch die Straß erst letzt Jahr uffgebuddelt
Er: Letzt Jahr ham die die Rohre verlescht und dies Jahr schweissese zusamme

Sie: Scherzkeks
Er: Warum sollte die die Straß sonst uffrobbe

Sie: Hey sie da!
Bauarbeiter: Was'n los?

Sie: Warum wird dann die Straß schon widder uffge-robbt?
Bauarbeiter: De Strom kimmt jetzt unner die Erd

Sie: Warum iss euch des dann ned letzt Jahr eugefalle?
Bauarbeiter: Da war des Kabel noch ned erfunne

Sie: Eusch wird des lache noch vergehe, wenn ihr mit euerm Bagger so ä Fliescherbomb kitzelt
Bauarbeiter: Dann schliessese schon ämol ä Gebäude-versicherung ab

Sie: Un sie ä Leewensversicherung
Er: Laß guud seu, die mache doch nur ihr Awweid

Sie: Ach komm, des fuchst mich awwer, andauernd

den Lärm vorm Fenster
Er: Dann mache mer halt solang des Fenster zu, wie die buddele

Sie: Un was mache mer dann?
Er: Mir könnte doch ma widder zum Seniorenachmittach in de Senioretreff gehe

Sie: Seh isch so aus, als ded isch da hiegehe?
Er: War ja nur ä Fraach

Sie: Senile, verkalkte Wackelgreise un Rollstuhlschaulaufe, nee du, dodefer sinn mer aach wiedder zu jung
Er: Mir könnte aach ma widder jemand besuche gehe

Sie: Beim Jung Theo war'n mer ja schon lang ned mehr, den könnde mer ma besuche
Er: Von mir aus, awwer liescht der ned zur Zeit im Krankehaus?

Sie: Des hab isch glatt vergesse, der iss ja von de Leiter gefalle
Er: Beckebruch

Sie: Na, dann müsse mer halt warte bis der widder aus'm Krankehaus raus kimmt
Er: Na, dann gugge mer halt mo, was es im Fernseh gibt

Sie: Heut kimmt ä werklisch interessande Sendung
Er: Was dann?

Sie: Die Achtundsechzischer
Er: Fischer, Ohnesorsch un Konsorde?
Sie: Genau, die rolle dem Fischer seu Vergangeheit uff

Er: Des läßt den doch kalt

Sie: Fischer un Außeminister, des iss so, als wenn unser Pfarrer Papst wern ded
Er: Was'n des für'n Vergleisch?

Sie: Na hör ma, der hat doch ä Verhältnis mit seuner Haushälterin
Er: Un was iss do dran so schlimm?

Sie: Die hawwe doch so ä Gelübde abgelescht, daß die de Fraue aus'em Weesch gehe
Er: Fraue kann mer ned aus'em Weesch gehe

Sie: Wer iss dann eischendlisch des schwache Geschlescht, wenn isch so aan wie unsern Pfarrer seh?
Er: Bestimmt hat die Haushälterin den verführt

Sie: Klar, un Pinguine könne fliesche
Er: Klar, wenn se sisch von'em Eisbersch runnerstürze

Sie: Jetzt werr ma ned albern
Er: Wer werd dann hier albern?

Sie: Wie sinn mir dann jetzt eischendlisch uff Pinguine gekomme?
Er: Wesche dem Fischer

Sie: Ach ja, de Turnschuhminister
Er: Die Zeide, wo der mit Turnschuh im hessische Landdaach ärumgelaafe iss, die sinn lang vorbei

Sie: Un dem seune Missetate aach?
Er: Hast du in deune Juchendjahrn nix aagestellt?

Sie: Was mer halt so aastellt, aber mir ham doch ned

uff Poliziste gedrosche
Er: Mir ham ämal nachts vorm erste Polizeirevier bei so äm Dienstfahrzeusch die Räder abmontiert und uff Backstaa uffgebockt un dann aagerufe, daß beim Milchgeschäft eugebroche worn wär. Hättst ma des blöde Gesicht von dem Polypen sehe solle, als der losfahrn wollt.

Sie: Hasde ja nie was von erzählt
Er: Hast misch ja nie dodenach gefraacht

Sie: Wer waas was du noch so alles für Juchendsünde uff'm Kerbholz hast

Er: So schlimm iss es aach wiedder ned
Sie: Awwer für än Ausseminister iss es schon schlimm

Er: Isch glaab, wenn en Ausseminister nur dann Ausseminister seu derf, wenn er kaa Juchendsünde hat, dann blieb der Poste unbesetzt

Sie: Trotzdem, isch bin gespannt uff die Sendung nachher
Er: Gugge mer ma

Wie's Elend dursch die Geschend leeft

Sie: Do gugg ä eschdes Kamel bei uns uff de Gass
Er: Was steht da uff dem Schild von dem Kamel, isch hab mei Brill ned uff?

Sie: Zirkus Rocalli
Er: Iss bestimmt en Schreibfehler un muß Roncalli heiße

Sie: Nee du, des glaab isch ned. Die klaane Zirkusse, die nenne sich immer so ähnlisch wie die grosse Zirkusse
Er: Ach so, um die Leut zu täusche

Sie: Damit wenischsdens ä paar Leud in dene ihrne Vorstellunge gehe
Er: Heutzutachs hawwe die Leut ja ganz annere Vorstellunge von Unnerhaltung

Sie: Des Fernsehe mäscht so klaane Unnernehmunge wie so än Zirkuss ja kaputt
Er: Dadebei iss ja so ä Liveerlebnis was ganz anneres, als so ä Geflimmer uff de Mattscheib

Sie: Un was noch dodezu kimmt iss, daß die Leut heutzutachs viel zu bequem geworrn sinn - es wird kaan Schritt zu viel vor die Tür gemacht
Er: Awwer sinn mer doch ma ehrlisch, wenn alle vier Monat än annern Zirkus uff'm Festplatz steht, wer had do noch groß Lust do hiezugehe?

Sie: Des stimmt aach wieder. Un was iss des End vom

Lied?
Er: Was?

Sie: Na, dann stehe se de halbe Winter wieder mit de Büchs un em halbtote Lama in de Fussgängerzon und bettele die Leut aa
Er: Die hänge halt an ihr'm Zirkus, die Leut

Sie: Dedst du disch uff die Gass stelle, wenn de ä Lederwarnbabscherbud hättst un nix mehr verkaafe dedst?
Er: Do müßt isch de Lade zumache, wieso?

Sie: Ei, do hammers doch - die awwer mache ihrn Lade aafach ned zu, liewwer gehe die uff die Gass oder gehe klaue
Er: Stimmt, de Müller Heiner hat mehr gestern erzählt, daß se beim Kohlejäscher ihrne Tankstell eugebroche wärn.

Sie: Siehste, die sinn kaan Daach do un schon geht's mit der Klauerei los
Er: Fehlt nur noch, daß die Zigeunerbagasch mit ihrne Wohnwaache widder uff de Sommerwies kampiert, do könnde die Geschäftsleut komplett zumache

Sie: Un mir könnte's Haus verrammele
Er: Gott sei Dank iss der mit seim Kamel außer sichtweite, mer kanns gar ned mehr mitaasehe, des Elend, wie's dursch die Geschend leefd

Sie: Do gugg, der Kerl do driwwe klingelt an alle Häuser
Er: Bestimmt irschend so än Zeidungswerwwer

Sie: So aaner fehlt mer grad noch, die lüsche wie

gedruckt
Er: Stimmt, die verkaafe ja aach Druckerzeuschnisse

Sie: Gugg, jetzt kimmt der Kerl uff unser Straßeseit
ärüwwer

Mann: Guten Tag
Er: Guude

Sie: Tach
Mann: Ich komme vom Zirkus Rocalli und wollte sie
fragen, ob sie nicht eine kleine Spende für uns haben

Sie: Sie, mir ham nur ä klaa Rente
Mann: Die Tiere haben nicht mehr viel zu beißen, ich
bitte sie, geben sie ihrem Herz einen Stoß

Sie: Fraache se ma uff'm Wiesehof nach, vielleischt
hawwe die ä par Balle Heu üwwerrisch

Mann: Na dann, nix für ungut
Er: Schöne Tach noch

Sie: Den wär mer los
Er: Von wesche Geld für Futter. Am nächste
Wasserhäusje wird do doch erst ma ä Biersche gekippt

Sie: Des wär ja aach noch schenner, wenn mer die
Klauer unnerstütze dede
Er: Solle was gescheides schaffe gehe, bräuchte se aach
ned ärumzubettele

Sie: Komm, isch kann des Elend nemmer sehe, gugge
mer Fernseh
Er: Was kimmt dann heut?
Sie: Bei Britt hawwe se heut des Thema "Dein Suff

treibt uns in den Ruin"

Er: Interessantes Ding
Sie: Maan isch awwer aach

Scheinehe

Sie: Da gugg nur, die Beheim wird immer dürrer. Die soll jetzt die rischdisch Diät gefunne ham
Er: Was dann für ä Diät?

Sie: Mannsbilder
Er: Hä?

Sie: Ei, die soll doch jetzt endlisch än rischdische Kerl hawwe
Er: Die?

Sie: Die ganz Stadt wunnert sisch, awwer die hat tatsächlisch aan gefunne
Er: Ei, wen hat die dann gefunne?

Sie: Irschend so än Südländer
Er: Womöchlisch noch än Terk?

Sie: Kaa Ahnung, awwer die Ausländer nemme doch jed deutsch Fraa
Er: Die weiß Haut blend die

Sie: Oder's Bleiwwerescht, wenn se so aa heirade
Er: Do däd isch liewwer nach Anatolien zurückgehe, als so aa zu heirade

Sie: Was waast du dann, vielleischt iss des des große Glück
Er: Des glaab isch awwer ned du, isch hab da Dinger gehört von dereje
Sie: Ei was dann für Dinger?

Er: Die soll ned ganz rischdisch im Kopp seu

Sie: Wie maanst'n des?
Er: Ei, die war doch in de Psychatrie in Goddelau

Sie: Ei wieso dann des?
Er: Erst hat die Verfolschungswahn gehabt und dann Depressione

Sie: Des glaab isch awwer ned, du
Er: Doch doch. Erst hat se sich von Männern belästischt gefühlt und dann hat se Depressione gekrischt, weil se kaaner genomme hat

Sie: Des iss awwer orsch widersprüchlisch
Er: Ewwe, deshalb iss die wahrscheinlisch aach eugeliefert worn

Sie: Gugg, do hinne kimmt de Basler
Er: Hammer awwer lang ned gesehe

Sie: Der war ja aach in Thailand
Er: Wo der üwwerall ärumkimmt

Sie: Der hat sich do ä Frau ausgesucht
Er: Ausgesucht?

Sie: Ei, die wolle doch all nach Deutschland, do nemme die jeden, der ä Audo hat
Er: Sinn die Weiwer dort so doof, daß die mit so aam wie äm Basler nach Deutschland gehe?

Sie: Sieht so aus
Er: Mit Geld kann mer halt werklisch alles kaafe

Sie: Un später wird de Kerl umgetauscht

Er: Dann sinn die vielleischt gar ned so dumm, wie se aussehe

Basler: Guten Morgen
Sie: En wunnerscheene

Er: Morsche
Basler: Habt ihr die Beheim ewwe gesehe?

Sie: Na klar
Basler: Die hat ganz schee abgenomme

Sie: Kaa Wunner, die hat ja jetzt aach än Mann
Basler: Hab isch gehört. Des soll ja än Pizzabäcker seu

Sie: Än Itaker?
Basler: Ei sischer

Sie: Hat die den uff de Awweit kennegelernt?
Basler: Isch glaab kaum, daß mer als Krankeschwester in de Psychatrie pizzabackende Pizzabäcker kenne lernt

Er: Maa ä anner Fraach. Wann sieht mer sie dann ma mit ihrne neu Fraa?
Basler: Was für ä Fraa?

Er: Na, die se aus Thailand mitgebracht hawwe
Basler: See isch so aus, als däd isch mer was an de Hals binne?

Er: Dann war des wohl än falsche Fehler, awwer in Thailand war'n se doch, oder?
Basler: 'S war wunnerschee dort, isch glaab do fahr isch noch mo hie, awwer jetzt muß isch weider
Er: Na dann nix für ungut

Basler: Scheene Taach noch

Er: Gleischfalls

Sie: Wünsch isch aach
Er: Wer hat derr dann den Scheiss erzählt, daß sich der do ä Fraa ausgesucht hätt in Thailand, isch blamier ja hier die ganz Innung?

Sie: Ei die Roth, des alde Plappermaul
Er: Die Roth, kaa Wunner. Wenn de se widdersiehst, seeschsde maa än scheene Gruß, sie soll ned so än Mist erzähle

Sie: Der erzähl isch was. Awwer kannst du mer saache, warum es dem so gut in Thailand gefalle hat?
Er: Kann isch derr saache

Sie: Un?
Er: Do kannste deune Triebe für ä paar Pfennisch nachgehe

Sie: Du maanst, der iss weesche de Weiwwer do hin?
Er: Ei, weswesche fährt mer dann dann do hie?

Sie: Die treiwwe es do ja aach mit Minnerjährische
Er: So Kerle gehörn eugesperrt

Sie: In die Psychatrie gehöre die!
Er: Genau dohie, wo die Beheim aach iss

Sie: Pizzabäcker, das isch ned lach
Er: Luitschi, uff so Name stehe mansche Weiwwer

Sie: Irschend aaner hat maa erzählt, daß die Spaghettifresser flotte Liebhaber sinn und schon fange

die Weiwwer aa zu fliesche uff so Kerle
Er: Als ded es kaa Deutsche Männer mer gewwe

Sie: Komm, Vera kimmt gleich im Fernseh
Er: Un wie haasd'n des Thema heut?

Sie: Schwanger vom Urlaubsflirt
Er: Was isch immer saach, 's iss gefährlisch in so exotische Länder

Sie: Saugefährlisch

Schwarzawweider

Sie: Da gugg, die Koch kehrt schon widder die Gass
Er: Des muß ä Hobby von der seu

Sie: Soviel Dreck gibt's doch ned, daß die jeden zweide Daach kehrt
Er: Reinlischkeitstick

Sie: Isch würd eher saache, daß die ned mehr ganz klar im Owwerstübscher iss
Er: Letzt hat die sich ja rischdisch tierisch uffgerescht

Sie: Ei, wieso dann des?
Er: Do iss aaner gescheüwwer zu Besuch gekomme, und hat der während dem kehrn ä Zigarrettekipp vor de Besen geschnippt

Sie: Un?
Er: Un da iss die ausgerast!

Sie: Was dest dann du saache, wenn de im Schützeverein aaleschsd und kurz vorm Schuss läßt anner en Osterhaas mit Batterie vor deuner Naas tanze?
Er: Jetzt hör awwer uff, was'n des für än Vergleisch?

Sie: Ei, isch maan halt nur, Hobby iss Hobby, un da sollt mer kaan störn
Er: Jedenfalls hat die tierisch aagefange zu plärn

Sie: Un?
Er: Die hat den mit de üwwelste Beleidischunge beleidischt

Sie: Was hat die dann gesaacht?
Er: Soll isch des werklisch wiederhole?

Sie: Awwer ä bissi plötzlisch, wenn isch bitte derf!
Er: Die hat zu dem gesaacht: Ihr scheiss Kippe kenne se gefällischst mit zu dene nemme, die se besuche. Un dann hat se die Kippe uff die anner Straßeseit gekickt

Sie: Gekickt?
Er: Wie de Ballack bei Bayern

Sie: Un wie ging des weider?
Er: Der hat der en Vochel gezeischt und hat sisch umgedreht

Sie: Rotzlöffel die junge Leut heutzudaachs
Er: Du, des war kaan Junge, des war en Alde

Sie: Do kann mer ma sehe, was solle die Junge eischendlisch von de Alde lerne?
Er: Des iss ä bereschdischd Fraach

Sie: Do gugg, de Jäscher, der alde Schwarzawweider
Er: Geht bestimmt ins Neubauviertel, un verdient sich än schiefe Hals

Sie: Die Fliesselescher, so hab isch gehört, dede schwarz mindestens zwanzisch Euro die Stunn kasiern
Er: Mehr, viel mehr, ei die weil die nach Quadratmeter abreschne. Do komme die schnell uff verzisch Euro die Stunn

Sie: Sauerei, den Staat so um seu Einahme zu betrüche
Er: Des iss ja des Dilema heutzudaachs, jeder steckt in seu Tasch und kaaner denkt mer an die Allgemeinheit

Sie: Dede die uff ihrne Zusatzeukomme Steuern zahle, hätte mer ned so viel Schulde
Er: Un ned so viele Awweitslose

Sie: Ei sischer, do däde die gor ned erst uff so Ideeje komme, wenn die die Samsdachsawweit versteuern müßde

Stimme aus dem Hintergrund: So Leud, isch bin ferdisch
Sie: Un, alles erledischd?

Stimme aus dem Hintergrund: De neue Wasserhahn troppd garantiert die nächsde 5 Jahr ned mehr
Sie: Un was kriesschsde jetzt?

Stimme aus dem Hintergrund: Na, weil ihr's seid fünfundzwanzischzig Euro
Sie: Na, des läßt sisch hörn. Wenn isch de Wombacher aagerufe hätt, hätte mer bestimmt des Dreifache bezahlt

Stimme aus dem Hintergrund: Ei bestimmd, wenn's langt!
Sie: Da sinn deu fünfundzwanzisch Euro. Un isch dank der aach schee, daß de gleisch gekomme bist.

Stimme aus dem Hintergrund: Keine Ursache, so Kleinischkeide mache mer doch gleisch
Sie: Komm, isch bring disch noch zur Tür....

Er: Der iss escht uff zack, de Walter
Sie: 'S immer gut, wenn mer so sei Leud kennt

Er: Stell derr vor, mir müßte jedesmal ä Firma aarufe
Sie: Des stell isch mer liewwer ned vor

Er: Do könnde mer gleich unser Rente uff's Konto von de Handelskammer üwwerweise

Sie: Des könnt dene so passe
Er: Holzauge!

Die Begnadischung dursch de Pfarrer

Sie: Gugg, die Schneidern, nach dene kannste die Uhr stelle
Er: Stimmt, es iss genau zehn vor zehn

Herr Schneider: Grüß euch Gott
Frau Schneider: Grüß Gott

Sie: En guude Morsche
Er: Moin

Sie: Zack, weg sinn se, un jetzt ab in die Zehnuhrmess, sich die Sünde vom Leib bede
Er: Von de Seel bede haasd des

Sie: Als hätte mir ä Seel
Er: Ei, es haasd doch „des iss ä guud Seel" oder „Iss die Seel krank, zieht de Körper nach"

Sie: Isch glaab des haasd awwer anners
Er: Jedenfalls so ähnlisch

Sie: Du, die Schneidern, die renne aach jeden Samsdaach zum Beichte, damit se Sonndaachs ruhischen Gewissens zur Kommunion gehe kenne
Er: Ei, wenn se so viel zu beischte hawwe, dann solle se aach ruhisch renne

Sie: Do sieht mer ma den Unnerschied
Er: Was für Unnerschied?

Sie: Ei, mir müsse zum Beischpiel ned beichte renne
Er: Ei, mir hawwe halt aach nix uff'm Kerbholz

Sie: So sinn se, die Kerscheleefer, die ganz Woch sündische und Samsdaach wird die Absolution erteilt
Er: Die was?

Sie: Deppel, des ist die Begnadischung dursch de Pfarrer
Er: Wenn isch mer so vorstell, isch däd zu dem Pfarrer gehe, isch wüst gar ned, was isch dem saache sollt

Sie: Du bist ja aach kaan SM
Er: Än was?

Sie: Ei, so än Sado Maso
Er: Jetzt hör awwer uff, du

Sie: Isch maan ja nur, vielleischt sind die Schneiders Sado Maso's un Saamsdaach krieschd de Pfarrer den ganze Schweinkram erzählt
Er: Des iss schon än harte Beruf, so än Pfarrer, sich dauernd so än Schweinkram anhörn zu müsse

Sie: Stimmt, do muß' de ganz schö abgehärt seu
Er: Oder der Pfarrer iss selber so än SM

Sie: Uff die Idee bin isch noch gor ned gekomme
Er: Apropo SM, wenn mer schon ämol dadebei sinn, was haasd dann eischendlisch SMS, was die Juchendlische mit ihrne Hendis so treibe?

Sie: Wahrscheinlisch haasd des Sado Maso Schweinkram
Er: Die ganz Juchend wird mit so äm Scheiss versaut

Sie: So SMS gehörde verbote
Er: Un was macht die Reschierung?

Sie: Nix, ganz im Gescheteil, die verkaafe aach noch 's letzte freie Funkloch mit ihrne UMTS Lizense
Er: Was haasdn eischentlisch UMTS?

Sie: Kaa Ahnung. Awwer mer könnt sich ja was zusammereime
Er: Reime ma!

Sie: Des M steht bestimmt für Maso und des S für Sado
Er: Un des U und des T?

Sie: Kaa Ahnung, vielleischt U für Ultracool und T für Transsexuell
Er: Die ganz Welt iss verriegd geworn, jetzt derfe ja sogar Transsexuelle heirade

Sie: Du mannst Homosexuelle
Er: Ei saach isch doch

Sie: Un unser Pfarrer traut die dann aach noch
Er: Sauerei. Do brauche die sisch ned wunnern, wenn die Kersche immer leerer wern

Sie: Des iss doch des, was uns Katholike so an die Wand drückt
Er: Was?

Sie: Die sündhaftische Menschheit, du Dabbes
Er: Ach so! Ja, stimmt!

Afrika kann ned weit weg seu

Sie: Wenn isch da den Hermann seh un seu Hose, die er anhat, da muß isch an des Hochwasser vom Rhein denke
Er: Kappier isch ned

Sie: Ei, gugg der doch dem seu Hose aa, die sinn viel zu korz
Er: Ewwe hat es Bernsche do owwe uffgeleuscht

Sie: Apropo Bernsche do owwe, de Herzing Theo hawwe se jetzt entmündischt
Er: Na, des iss awwer aach Zeit geworrn, der soll ja durschgedreht seu

Sie: Die Roth hat mer erzählt, daß der die Ente unne am Stadtteisch mit Konfetti gefüttert hätt
Er: Der hat noch ganz annern Dinger gemacht

Sie: Erzähl ämol!
Er: Der soll nackisch zum Bahnhof gelaafe seu

Sie: Un?
Er: Sie hawwen awwer ned mitfahre lasse

Sie: Wer läßt schon än Nackische mit em Zuch fahrn?
Er: Ei, den hawwe se ned mitfahrn lasse, weil der kaa Geld für ä Fahrkart debei had

Sie: Scherzkeks. Noch so'n dumme Spruch und isch lass disch aach entmündische

Er: Isch bin doch schon längst entmündischt, oder hab isch hier noch was zu saache?

Sie: Jetzt mach awwer ma halblang, saach mer liewwer, wie so ä gestandenes Mannsbild wie de Theo uff amol durchdreht?
Er: BSE, was sonst!

Sie: Könnt seu, die sinn ja viel gereist, die Herzings
Er: Die war'n bestimmt aach schon in England

Sie: Awwer hunnertprozendisch war'n die schon ämol dort
Er: Kaa Wunner, wenn der sisch do aagesteckt hat

Sie: Isch fraach misch nur, warum dem seu Fraa nix had
Er: Misch wunnert des ned

Sie: Wieso ned?
Er: Ei, die Herzing iss doch blond und blonde Weiwwer kenne doch sowas gor ned krische

Sie: Wieso dann ned?
Er: Ei, der Errescher greift ja des Gehirn aa unn wo nix iss, greift aach nix aa

Sie: Du bist awwer heut en rischdische Spaßvochel
Er: Hast misch ja heut aach noch ned geärschert

Sie: Do gugg, de Bimbo kimmt middem Fahrrad
Er: Der schafft beim Wolf Hans

Sie: Wie de Erwin, der hat aach dort geschafft
Er: Hat?

Sie: Ja, der war kaa Woch dort
Er: Un wieso war der nur so korz dort?

Sie: Der war neu und de Wolf hadden aagesproche, als er'n uff'm Hof ä Zigarrett geraacht hat
Er: Was hadd'n der Wolf gesaacht?

Sie: Ei, der hat den gefraacht, was'er während de Awweitszeit uff'm Hof ärumstehe däd
Er: Un?

Sie: Un de Erwin had geantwort: Wer sinn sie dann? Un de Wolf hat gesaachd, daß er de Wolf iss.
Er: Un?

Sie: Un de Erwin had gesaachd: Dann bin isch eines von de siwwe Geißlein!
Er: Do hätt isch den awwer aach änaus geschmisse

Sie: So schnell konnt der ned gugge, wie der vor de Tür war
Er: Der schwarze Bimbo da, der schafft awwer noch beim Wolf

Sie: Isch glaab schon, 's iss ja aach die Zeit für die Spätschicht
Er: Isch glaab, Afrika kann ned weit weg seu

Sie: Wieso?
Er: Ei, wenn die Neescher mit'm Fahrrad zur Awweit komme, kann des ned weit weg seu

Sie: Scherzkeks

Sportlerehrung

Sie: Gugg, wie sich de Müller von driwwe uffgeputzt hat
Er: Iss jemand gestorwwe?

Sie: Nee du, der geht bestimmt zu der Sportlerehrung von de Stadt
Er: Woher waast'de des dann schon widder?

Sie: Zufällischerweise hab isch die Roth ma widder getroffe
Er: Un für was soll der dann geehrt wern, doch ned etwa für's Radfahrn?

Sie: Wenn der für's Radfahrn geehrt wird, wirst du für's Blumegiesse geehrt
Er: Ei für was soll der dann sonst geehrt wern?

Sie: Isch glaab für seu fünfundzwanzischsdes Sportabzeiche
Er: So was wird geehrt?

Sie: Wenn se die Jedermannssportler mit ihre Abzeiche ned ehre däde, do könnte die ihr Veranstaltung doch gleisch zumache
Er: So viele solle des seu, die do geehrt wern?

Sie: Än ganze Stall voll
Er: Des iss ja echt lächerlisch, Leut für des Sportabzeiche zu ehrn, die müsse aa Rund um de Platz laafe, Hauptsach, die komme an

Sie: Da gibt's ja so verschiedene Alterklasse, de Müller derft so in M50 seu, do muß mer ja ned mehr so schnell wie die Junge seu
Er: Am schnellste iss der hinnerher an de Theke

Sie: Vielleischt iss der ja aach deutscher Meister im Kampftrinke geworn
Er: Und wer wird dann noch so alles geehrt, waasde noch jemanden?

Sie: Ei, sischer, de Faust Dieter, zum Beispiel
Er: De Faust?

Sie: Sischer!
Er: Awwer für was soll dann der geehrt wern, der hat doch nur noch aa Baa?

Sie: Waasd dann du ned, daß der Behinnerdesport mäscht?
Er: Woher soll isch des dann wisse? Was mescht dann der für än Behinnerdesport, vielleischt Rollstuhlweitwurf oder wie?

Sie: Dabbes, der iss doch bei de Sitzballer
Er: Un was sinn die geworn?

Sie: Europameister
Er: Da hawwe die quasi in de Tschämpiensliescha gespielt

Sie: Tschämpiensliescha?
Er: Ei dodefo hast du kaa Ahnung, wenn's um Fußball geht

Sie: Wer hatt'n gewußt, was der spielt, du oder isch?
Er: Iss ja schon gut, isch fraach misch halt nur, wie die

Behinnerde im sitze uff so äm große Fußballfeld Tor'n schiesse kenne

Sie: Die spiele des doch in de Halle
Er: Hätt misch aach gewunnert

Sie: Manschma denk isch, daß du ä bissi bleed bist
Er: Warum dann des?

Sie: Du krieschsd scheinbar gar nix mehr mit, was in de Welt so vor sisch geht
Er: Bloß, weil ich des mit dem Faust Dieter ned gewußt hab? Jetzt heer awwer ma uff du. Dodefer kriesch isch üwwer's Fernseh jede Menge mit, was in de Welt so vor sisch geht

Sie: Wenn die Russe komme dede un die da unne am Fenster vorbeilaafe dede, dedst du misch noch fraache, ob des än Fassnachtsumzuch wär
Er: Warum bist'n so aggressiv heut? Hat disch etwa die Roth aagesteckt?

Sie: Mit was soll isch misch dann bei der aagesteckt hawwe?
Er: MKS

Sie: Mit was?
Er: Ei, mit der Maul- und Klugscheisser-Seuche

Sie: Werd ma ned fresch jetzt, sonst versteck isch die Fernbedienung, wenn de Jauch heut Abend kimmt
Er: Iss ja schon gut, bin ja widder friedlisch

DNA unn Telekom

Sie: Da gugg, wenn isch den Kerl da unne seh, wär isch schon dadefer, daß mer än fläschedeckende genetische Fingerabdruck eiführe däd
Er: Ei warum dann des?

Sie: Der sieht doch aus wie än Verbrescher
Er: Der sieht doch ganz normal aus, oder?

Sie: Waas mer's, was so aaner uff'm Kerbholz hat?
Er: Also, isch bin da ned dadefer, für so ä fläschedeckende DNS-Analyse

Sie: Hast wohl was zu verbersche?
Er: Horsch ämol, daß die Politiker do ned dodefer sinn, iss mir ja schon klar, ei die weil die all irschendwo Dreck am Stecke hawwe, awwer isch bin sauber

Sie: Unn warum bisde dann gesche so ä Zentraldatei?
Er: Ei, stell derr doch ämol vor, die hätte alle männlische Daade gespeischert und jetzt kimmt aaner uff die Idee und klaut derr von deuner Haarberscht ä Haar unn geht dann irschendwo klaue unn läßt dann dei Haar am Tatort falle – zack hawwe se disch am Arsch

Sie: Wenn mer's so sieht hasde ja rescht
Er: Saach isch doch

Sie: Da gugg, der Hebert da unne, der soll sisch ja aach an de Börs ganz schee verspekuliert hawwe.
Er: Hat derr des die Roth erzählt?

Sie: Ei, wer dann sonst?
Er: Unn?

Sie: Der iss doch bei de Telekomm
Er: Unn?

Sie: Ei, der hat gedacht, er däd inne guud Firma awweide
Er: Ei die Telekomm, des iss doch ä guud Firma

Sie: Ob ä Firma guud iss oder ned, des bestimme immer noch die Aktionäre
Er: Unn, de Hebert, der had gedacht, daß er inne guud Firma awweide däd?

Sie: Der had gedacht, telefoniert wird immer unn da had der Aktije von seune Telekomm gekaaft
Er: Doch ned do, wo der Kurs von de Telekomm uff'm Höchststand war?

Sie: Genau do
Er: So än Dabbes, mer kaaft doch ned Aktije uff'm Höchststand

Sie: Des had der halt ned kapiert
Er: Unn jetzt guggt der blöd

Sie: Saublöd
Er: Isch werd des nie kapiern

Sie: Was?
Er: Wie merr Aktije uff'm Höchststand kaafe kann

Sie: Isch aach ned

Erwwe

Sie: Da gugg, die Mehlbrescht
Er: Unn?

Sie: Die hat doch geerbt
Er: Na unn?

Sie: Ei, die rennt neuerdings nur noch ins Feinkostgeschäft
Er: Gibt's da besser Lewwerworscht als beim Helfrisch seuner Metzgerei?

Sie: Vielleischt sieht die Verpackung besser aus, awwer besser kann die nimmer unn nie seu
Er: Dadefer kost die Verpackung dann des dreifache wie die Lewwerworscht alaa beim Helfrisch

Sie: Des kannsde singe, du
Er: Stimmt, wenn des so sächsd, fällt merr uff, daß die Mehlbrescht de Kopp äbbes höher träscht, als sonst. Awwer saach ma, waast du wieviel die eischendlisch geerbt hat?

Sie: Was waas dann isch? Millione wern's ned gewese sei, sonst wär die längst in Malibu in Kann oder sonstwo.
Er: Un hasde aach gehört, von wem die geerbt hat?

Sie: Ei, so wie mers die Paula erzählt hat, hat die von ihrm Vadder geerbt

Er: Komisch, daß immer nur annern von ihrm Vadder was erwwe

Sie: Ja, dein Vadder hat ja aach alles in die Wertschaft getraache, da konnt der nix mehr vererwwe
Er: Komm, jetzt mach awwer ma langsam. Mein Vadder hat sisch sein Lebdaach de Buckel krumm geschafft für seu Familie

Sie: Iss ja gut, awwer ischendwie iss des Lewwe ungerescht – die aane schaffe sisch de Buckel krumm unn komme uff kaan griine Zweisch und die annern kriens in de Aasch geschmiert
Er: Da gugg, die Roth kimmt - hat bestimmt widder ä paar Neuischkeide

Sie: Gudde Morsche Frau Roth
Frau Roth: Morsche
Er: Moin

Sie: Saache se ma, Frau Roth, stimmt des, daß die Mehlbrescht geerbt hätt?
Frau Roth: Von weesche geerbt, wisst ihr dann ned, daß die von ihrm Vadder nur Schulde geerbt hat?

Sie: Schulde?
Frau Roth: Ei, der ihrn Vadder hat doch seu Haus mit ä Hypothek belast, damit er seu Babscherbuud üwwer Wasser halde konnt

Sie: Do had die awwer des Erwwe sischer ned aagenomme, oder?
Frau Roth: Wär se ja schee bleed gewese, wenn se des aangenomme hätt

Sie: Ja awwer misch wunnert nur, warum die neuer-

dings im Feinkostgeschäft driwwe in de Karlstroß
eukaafe dud
Frau Roth: Ei, wissese dann ned, daß die neuerdings
do putze geht?

Sie: Jetzt waas ischs
Frau Roth: Awwer jetzt muß isch wieder, mein Ewin
will was zu futtern

Sie: Na dann
Er: Mache ses guud

Sie: Die bleed Paula erzählt awwer aach en Dreck, von
weesche geerbt
Er: Awwer geerbt hat se doch die Mehlbrescht

Sie: Geerbt hab isch, wenn isch was uff die Flosse
kriesch
Er: Awwer aans wunnert misch doch

Sie: Ei, was dann?
Er: Warum die Mehlbrescht jetzt de Kopp höher
träscht!

Sie: Do hasde rescht, des iss merkwürdisch, könnt ja
seu, daß de Vadder der Schmuck vererbt had, wo kaaner was von waas
Er: Könnt seu, awwer dann däd die doch ned putze
gehe

Sie: Des mescht die doch nur, daß kaaner merkt, daß
die Schmuck geerbt had
Er: Die iss ja ä ganz raffiniert Luder

Sie: Awwer uns kann die ned täusche
Er: Mir sann doch ned bleed

Juchendlische

Sie: Da gugg, äm Willi seun Tobias
Er: Der Griinschnawwel hat doch tatsächlich ä Zigarett im Maul

Sie: Der iss doch erst fuffzee
Er: Wenn de Willi wüßt, daß der raacht, der däd ausflippe

Sie: So aam däd isch's Taschegeld sperrn
Er: Unn, was erreischste dademit? Nix, saach isch derr, dann geh'n die Paffer klaue

Sie: Gugg nur, wie der aach ärumleeft, Bomberjack unn Kopphörer im Ohr
Er: Wenn den ämol än Zuch üwwerfährt, der hört nedämol än Schlaach

Sie: Später ham se dann än Trinidus unn fraache sisch, wo des Pfeiffe herkommt
Er: Von dene ihr'ne Amimusik wirsde doch ganz bleed

Sie: Unn wenn der verstehe däd, was die Amis all für'n Scheiss zusammesinge, däd der erst rescht bleed wern
Er: Wenn der des verstehe däd, dann däd der seu CD zertrete unn in de Papierkorb schmeisse

Sie: Du maanst newwe de Papierkorb!
Er: Hast rescht, des iss ja heutzudaachs än Volkssport geworn – wie werf isch was in de Papierkorb, ohne'n zu treffe!?

Sie: Grad die Woch hat im Heimatbote gestanne, daß
die Vereine uffgerufe sinn, an so äm
Reinischungsdaach teilzunemme
Er: Reinischungsdaach?

Sie: Ei, die schwärme aus und sammele de Unrat in de
Grünanlaache unn im Wald eu
Er: So weit käms noch, daß isch de Dreck von dene
Dreckspatze wegmache däd, die sollte liewwer ma die
Juchendlische zusammepfersche un dann ihr'n Dreck
uffsammele lasse

Sie: De neueste Sport von dene Dreckspatze iss ja jetzt:
Wie öffne isch mit äm gezielte Tritt de Bodedeckel von
äm Papierkorb unn lass de ganze Abfall ärausfalle?
Er: Saach ma, hat's sowas bei uns früjer gegewwe?

Sie: Mir sinn ja noch erzooche worn
Er: Du maanst also, daß de Willi den ned rischdisch
erzooche hätt?

Sie: Wie de Herr, so's Gescherr – gugg der'n doch aa,
den Willi
Er: Was maanste dann?

Sie: Ei, der iss doch Alkoholiker
Er: De Willi?

Sie: Jetzt mach disch ned noch blöder, als de schon bist
– der Willi schafft doch uff'm Bau
Er: Na und?

Sie: Die kippe doch locker än halbe Kaste Bier am
Daach äweg
Er: Von der Sischt aus gesehe hasde schon rescht. Was
soll aus dem Bub nur wern?

Sie: Gugg, do kimmt die Roth schon widder gerennt
Er: Die hat mer gradnoch gefehlt, des alde Plappermaul

Frau Roth: Na, alles fröhlisch unn munter?
Sie: Hawwe se ewwe den Willi sein Tobias gesehe?

Frau Roth: Isch hab den schon gesehe, awwer die Juchend heutzudaachs sieht ja außer sisch gar nix mehr – kaan Gruß, nix mehr

Sie: Saach isch ja ewwe aach zu meim Eschon, daß die Juchend heutzudaachs kaa Maniern mehr hätt
Frau Roth: Unn zum Dank dodefer mäscht die Stadt jetzt ä Juchendhaus uff

Sie: Ei, wo dann?
Frau Roth: 'S alde Gemeindehaus werd renoviert

Sie: Des iss de Dank, daß die Bagasch üwwerall die Papierkörb kaputt macht
Frau Roth: Nee, dess iss Taktik

Sie: Taktik?
Frau Roth: Ei, wenn die die Juchendlische in so Juchendhäuser locke, dann streune die ned vor Langeweil in de Geschend ärum

Sie: Na, da wadde mer maa ab, wielang die des Juchendhaus uffhawwe - 's wird ned lang dauern, dann iss des alde Gemeindehaus abbruchreif
Frau Roth: Zumindest wird's jetzt erst ma inne mit Graffiti schee eugesprüht

Sie: Dem Willi seu Gesischt meescht isch ma sehe, wenn dem seun Tobias 's Wohnzimmer so renoviern däd

Frau Roth: Hauptsach bundisch

Sie: Do, Frau Roth, gugge se nur ma rüwwer, was se
mit dem Kleinschmitt seum Haus gemacht ham
Frau Roth: Isch hab's schon gesehe, 's iss ä äschde
Sauerei, was die do dran gesprüht hawwe

Sie: „Love your brother" – wisse sie was des häsd?
Frau Roth: Seh isch wie än Dolmätscher aus?
Sie: Sauerei, wenischsdens könnte die ja Deutsch
spraye, damit mer's aach verstehe kann

Frau Roth: Da hawwe se rescht, awwer jetzt muß isch
widder
Sie: Na dann

Er: Macheses guud
Sie: Unn isch hab gedacht, die Roth hätt Abidur

Er: Kann ja ned ämol ä Fremdspraach
Sie: Ewwe

Er: Die iss genauso schlau wie mir aach
Sie: Ewwe

Pfand uff Blechdose

Sie: Da gugg nur, die Winklern fährt schon widder mit'm Auto zum eukaafe
Er: Scheinbar iss des Benzin immer noch zu niedrisch

Sie: Wohnt gleisch um die Eck unn zu faul zum laafe. Von mir aus könnt des Benzin werklisch fünf Euro koste
Er: Kaa Wunner, wenn die Atmosphär sich dauernd uffhitzt, wenn jeder Depp jeden Meter mit'm Auto zurücklescht

Sie: Waasde noch, wie mer früher zum Kerschepflücke bis nach Alzenau mit'em Fahrrad gefahrn sinn?
Er: Des war'n hie unn zurück glatt achtzisch Kilometer – unn des an aam Daach

Sie: Un heut? Heut wern die Brötscher mit'em Auto geholt – mer iss ja so bequem
Er: Isch bin ja kaan Griine, aber do unnerstütz isch die mit de Ökosteuer

Sie: Ökosteuer, en bleedere Name hätte die sich ned eufalle lasse könne
Er: Was mache die Rote in Berlin dann, wenn die Autofahrer werklisch wenischer fahn däde?

Sie: Die däde blöd gugge mit ihrne Steuereunahme unn däde die Ökosteuer noch höher schrauwwe
Er: Awwer die schrauwwe se doch ädauernd ähoch

Sie: Des iss ä Spiral ohne End unn am End kost des Benzin werklisch fünf Euro
Er: Dodegeesche hilft nur aans

Sie: Ei was dann?
Er: Ned wenischer fahrn, sonnern mehr

Sie: Du maanst, je mehr gefahrn werd, desto mehr nemme die eu unn dann langt dene des, was die an Ökosteuer eunehme
Er: So gesehe hat die Winklern ja rescht, wenn se zum Brötscherhole mitem Auto fährt

Sie: 'S hat halt alles seun Grund, genauso des mit dem Pfand uff Blechdose
Er: Pfand uff Blechdose, des iss doch Schwachsinn

Sie: Des iss doch kaan Schwachsinn, do steckt en tiefere Sinn drin
Er: Ja, den, daß die Drecksäu ihre Dose ned mehr in die Landschaft schmeisse

Sie: Des ja aach, awwer 's geht do ja aach um Umweltressource
Er: Um was?

Sie: Ei, um des, daß die Herstellung von Dose Energie verschwendt, unn bei Mehrwegflasche kann mer halt immer wieder nachfülle
Er: Ei, wolle die dann die Dose widder nachfülle? Des will isch sehe, wenn in aaner Dos än Knick drin iss, wie die die widder grad kriesche

Sie: Dabbes, die wolle doch mit der Pfandmethod die Industrie nur zwinge uff Mehrweg umzusteische, weil des mit dem Pfand dene dann zu lästisch wird

Er: Des iss aach orsch lästisch, wenn de jed Dos widder zurückbringe mußt

Sie: S's werd net lang dauern, dann gibt's aach Pfand uff Dosesuppe
Er: Oder uff Essischflasche

Sie: Dene werd schon noch was eufalle
Er: Do fällt mer eu, daß mer gar kaa Bier mehr im Keller hawwe

Sie: Isch hab der doch vom Aldi fünf Dose Bier mitgebracht
Er: Die Pissbrüh schmeckt doch ned. Bier muß merr aus Flasche trinke

Sie: Jetzt denkst de schon wie die in Berlin
Er: Do kann merr ma sehe, uff welcher geistischen Wellenlinie isch mit dene Schlaumeier dort leie

Sie: Ja, die wern disch noch als Berater eustelle
Er: Zeit hätt isch ja

Sie: Wenn de so viel Zeit hast, dann mach disch ma ab in de Gadde, de Rase müßt ma gemäht wern unn unne stehe än ganze Stall voll leerer Flasche, die müßte ma zum Contäner
Er: Apropo Contäner unn Flasche, in dem Big Brasser Haus do in Köln iss aach ä Schwein ärumgelaafe

Sie: Nur aans?
Er: Konrad hies des

Sie: So'n Schweinkram gugge mir uns awwer ned aa. Nochher kimmt än scheene Tierfilm
Er: Unn was hawwe se gefilmt

Sie: 'S Brunftverhalde von Wapiti in Nordamerika
Er: Du werst mer doch ned uff dumme Gedanke komme

Sie: Wenn isch uff dumme Gedanke komme, dann merkst du des schon, wenn isch meu spezielles Parfüm uffsprüh
Er: Awwer wenn isch des Aldibier getrunke hab, nutzt aach deu Parfüm nix mehr

Sie: Wieso?
Er: Do verfällt mer schnell in de Aldi- Bierdoseschlaf

Sie: Isch versprech derr, isch kaaf dodefo nix mehr
Er: War des jetzt ä Drohung oder ä Verspresche?

Sie: Sei ned so fresch
Er: Isch bring ma die Flasche weg

Sie: Awwer pass uff, daß de die rischdische Flasche ins rischdische Farbloch schmeisst, 's letztema, als isch dodebei war, hasde in Gedankelosischkeit ä grii Flasch ins braune Loch geschmisse

Er: Do war isch ja aach mit meune Gedanke wo anners
Sie: Wo warsde dann do?

Er: Beim Brunftverhalde von Wapiti
Sie: Alder Lüstling, mach disch ab zum Contäner

De Hochdruckreinischer

Sie: Manchma, da könnt isch die Elsbeth verfluche
Er: Isch geh gleisch in die Drogerie und kaaf ä paar
Oropax

Sie: Wie kann mer dann nur seum Sohn zu Ostern än
Hochdruckreinischer schenke, kannsde mir dess ämol
saache?
Er: Du, isch waas aach ned, wiemer uff so aa Idee
komme kann, des hat die Elsbeth garantiert mit
Absischt gemacht, um die Nachbarschaft zu äern

Sie: Un de Karl-Heunz mäscht jetzt des
Hochdruckreinische zu seim neue Hobby
Er: Die Platte vom Hof hatter ja jetzt ferdisch, isch bin
gespannt, was jetzt dro kimmt

Sie: Isch hab mers gedenkt, jetzt wird de Büjersteisch
behandelt, als däd des Wasser nix koste
Er: `S wird Zeit, daß ma widder de Wassernotstand im
Rhein-Maingebiet ausgerufe werd, daß der
Scheissdreck do uffhört

Sie: Naa, naa, naa, als däd des wöchentlische kehrn
ned lange – geb äm Mann ä neu Spielzeusch in die
Hand und er läßt's nedmer los
Er: Do fällt mer eu, daß mer ja dem klaane Stephan
noch gor nix zum Gebortsdaach gekaaft hawwe

Sie: Wenn de deun Neffe äern willst, dann kaafsde dem
Stephan so ä üwwerdimenional Wasserpistol

Er: Wieso äer isch den dodemit?

Sie: Weil der dann aadauernd von seum Filius aagespritzt wird
Er: Isch glaab, isch kaaf mer so ä Ding und spritz dodemit den Karl-Heunz ämol ins Genick

Sie: Dem gehört werklisch ins Genick geschlaache, jetzt spritzt der aach noch die Kellerfenster ab
Er: 'S gibt doch werklisch nur noch bleede uff dere Welt, gugg derr nur den Jugo aa, der do mit ins All gefloche iss

Sie: Ei, isch denk des wor än Ami?
Er: Tito iss awwer doch kaan Aminame

Sie: Der iss doch Millionär, der had sisch bestimmt die amerikanisch Staatsbüjerschaft gekaaft, wie den Fluch do änuffer aach
Er: Du siehst, mit Geld kann merr sich alles kaafe, Hochdruckreinischungsgeräte oder Flüsch ins Weltall

Sie: Mescht ma wisse, wie der Tito do zu seune Millione gekomme iss – mit ehrlischer Awweit bestimmt ned
Er: Der iss bestimmt so'n Boss von de Jugo-Mafia

Sie: Könnt seu, des paßt ja aach zusamme, Jugo-Mafia und Russe-Mafia
Er: Von euner Hand in die anner und widder zurück

Sie: Zwanzisch Millione Euro, merr gönnt sisch ja sonst nix, unn in Afrika do verhungern die Kinner
Er: Do hasde rescht. Unn zum Schluß wern mir widder uffgerufe, do was zu spende
Sie: Awwer ned mit uns

Er: Nee, solle die Reische des ma mache, anstatt 's Geld so zu verplempern

Sie: Jedenfalls ham mir noch Träume unn der Tito ned mehr
Er: Wieso had der jetzt kaa mehr unn mir ham noch welsche?

Sie: Mir könne noch dodefo träume, ma ins All zu fliesche, der kann des ned mehr, der war jo schon do owwe
Er: So gesehe ham mir werklisch noch Träume

Sie: Gugg, der Karl-Heunz hat endlisch uffgehört mit dem Scheissgespritze
Er: Jetzt kimmt der aach noch zu uns ärüwwer der Nervtöter

Karl-Heunz: Habder gesehe, wie schee sauwwer alles werd mit meum neue Hochdruckreinischungsgerät?
Sie: Wunnerschee, awwer ä bissi laut iss es schon, gell!

Karl-Heunz: Ach, do gewöhnt merr sich schnell dro. Isch wollt eusch fraache, ob isch euch ma oobiete kann, ob isch ned euern Hof aach ma abspritze soll, wenn isch schonämol dodebei bin?
Er: Du Karl-Heunz, mit dem Abspritze do ded isch awwer ämol vorsischtisch seu

Karl-Heunz: Ei wieso dann des?
Er: Wenn mer do bei dem Gerät de Druck zu hoch eustellt, do könne leischt die Farbpikmente von de Hofplatte ärausgepritzt wern
Karl-Heunz: Ehrlisch?

Er: Ei sischer doch, unn dann hasde bald än ganz unansehlische Hof

Karl-Heunz: Gut, daß de merr des sächst, do würd isch do ämol vorsischdisch seu. Unn was iss mit äm Büjersteisch?

Sie: Meun Olli mescht des schon, sonst had der jo gar keu Beweschung mehr, awwer des iss werklisch lieb von dir gemaant mit dem Aagebot
Karl-Heunz: Na dann nix für ungut, awwer saacht merr bescheid, wenn isch ma die Dachzieschel von euerm Schuppe abspritze soll

Sie: Mache merr doch glatt, merr wisse ja jetzt wo merr so ä Gerät kriesche
Karl-Heunz: Machts gut
Er: Mach's besser

Sie: Grüß mer die Elsbeth
Karl-Heunz: Mach isch

Sie: Stimmt des eischendlisch mit dene Farbpigmente?
Er: Quatsch, der Karl-Heunz, der iss doch zu doof um ä Schaufensterpupp umzuschmeisse

Sie: Do hasde rescht, dem kannste saache, daß Kotflüschel beim Auto stinke, dann glaabt der des
Er: Awwer des Moos uff'm Schuppe könnt merr schon ma abspritze

Sie: Wenn de nix zu tun hast, saach mer's, isch hab schon Awweit für disch
Er: War ja nur än Vorschlaach

Sie: Wobei die Betonung uff Schlaach liescht
Er: Iss ja guud

Fußballer und Streiker

Sie: Do, gugg derr nur die Deppe oo, als däd die Welt nur aus Fußball bestehe
Er: So iss es Lewwe ewwe, die aane wern Meister und die anner gugge ins Oferohr

Sie: Des müßt mer eischendlisch verbiede, daß in Hesse Bayern mit ihrne Fahne in Cabrios ärumfahrn derfe
Er: Dodebei hamm die blöde Bayern widder ma nur Suff gehabt

Sie: Aa Minut, un die da mit ihrne Fahne wärn jetzt dehaam bei de Mama und däde Rotz un Wasser heule
Er: Iss die Welt ned ungerescht?

Sie: Isch hab zwar kaa Ahnung vom Fußball, awwer dene Schalker hätt isch des dreimol mehr gegönnt, als dene arogande Bayern aamol
Er: Soll isch ma än Aamer Wasser hole? Wenn se nochma vorbeikomme, schütt isch dene was in ihrne Cabrios

Sie: Mach des ruhisch, des Gejole und Gehupe geht aam ja uff'n Keks
Er: So wie's aussieht iss jetzt awwer Ruh
Sie: Sieht so aus
Er: Eischendlisch iss es jetzt wie totestill, komisch

Sie: Iss merr vorhin, als die Deppe noch ned krackehlert ham, aach schon uffgefalle, 's iss heut ufffällisch ruhisch, irschendwas stimmt ned

Er: Mer muß ja rischdisch flüstern, damit die
Nachbarschaft ned mitkriescht, was mer so saache

Sie: Jetzt hab isch's. Lufthansastreik!
Er: Jetzt wodes sächst, fällt mer's aach uff, viel wenischer Fluchlärm wie sonst, merr had sisch ja schon rischdisch dodedra gewöhnt gehabt an den Krach

Sie: Kann mer ma sehe, an was sisch de Mensch alles gewöhnt
Er: Isch hab misch sogar an disch gewöhnt

Sie: Sei ned so fresch, sonst frißde heut Awwend deu Schnitzel roh
Er: Wor ja nur än Spaß

Sie: Eischendlisch könnte die ja öfter ma streike und die annern Fluchlinie gleisch dodezu
Er: Isch hätt do nix dadegescher

Sie: Fünfunnddreißig Prozent mehr wolle die Hirnverbrannte
Er: Von mir aus könne die hunnertprozent mehr verlange, mir fliesche ja eh ned

Sie: Außer mir gewinne im Lotto
Er: Ned ämol do däd isch fliesche, do däde mer mit'm ICE fahre

Sie: Nach Amerika?
Er: Was willste dann in Amerika?

Sie: Gränd Cänijen, Niagarafäll, Rut Sixdisixdi, Raddampfer fahrn – ach, mir däd schon noch mehr eufalle
Er: Misse mir do nach Amerika?

Sie: Du kannst Fraache stelle
Er: Ei des gibt's doch aach bei uns

Sie: Ei wo dann?
Er: Gränd Cänijen, des iss doch wie in Binge am Rhein, Niagarafäll gibt's in Schaffhause, Rut Sixdisixdi, des iss die A3 un Rad oder Dampfer kannsde hier immer fahrn

Sie: Spinner
Er: Ei isch fliesch doch ned mit dene Halsabschneider von Lufthansafluchkapitäne

Sie: Die müßte die Lufthansa so beukodiern, daß die so zusammeklappe, daß die am Schluß für fünfunddreißisch Prozent wenischer fliesche däde, nur damit se ned awweitslos wern
Er: Apropo awweitslos. Waasde was mir de Fritz heut früh beim Brötscherhole erzählt had?

Sie: Was dann?
Er: De Schütz Walter ham se entlasse

Sie: Der had doch beim Farwwe-Weiss geschafft
Er: Sechsunzwanzisch Jahr war der dort

Sie: Un warum ham se den entlasse?
Er: Der iss zu seum Chef hie und had fünfundreißig Prozent mehr Lohn gefordert

Sie: Do häd isch den awwer aach entlasse
Er: Der Clou iss ja, daß der entlasse wern wollt
Sie: Hä?

Er: Ja, der had den Rausschmiss rischdischgehend provoziert. Der iss jetzt an die Sechzisch und will's Lewwe

vor de Rente noch ä bissi uff koste von dene in
Nürnbersch geniesse

Sie: Ned dumm. Sinn dann die Lufthansafluchkapitäne
aach all so alt wie de Schütz Walter?
Er: Könnt seu

Sie: Dann wunnert misch nix mehr mit dene ihrne
Forderunge
Er: Misch aach ned!

Mit zwaa Euro komme die ned weit

Sie: Da gugg, Familie Bäcker on Tour
Er: So bescheuert müßt isch seu unn misch uff so
Inleidskäts stelle

Sie: Die Zeide wern immer verriggder. Gestern sinnse
mit ihrne bleede zusammeklappbare Roller gerollt,
heut rolle se mit de Inleidskäts und moje?
Er: Moje springe se Banschi-Seil

Sie: Un üwwermoje fange se Krokodile im
Haifischbecke
Er: Oder Höhletauche

Sie: Höhletauche, dess würd zu dene passe – unn hin-
nerher de Ausgang ned finne
Er: Höhletauche mit Inlineskäts, des wär doch was, des
müßt mer sisch eutraache lasse, do wo merr neue
Ideen zu Gold mäscht

Sie: Namenssischerung oder wie dess häsd
Er: Was waas dann isch wie die des nenne, jedenfalls
verdiene sisch do mansche dumm und dümmer mit so
Eintraachunge, ohne än Finger krumm zu mache

Sie: Wenn'des schon säächst, gugg mo, wie sisch der
Bäcker krumm mäscht – pass uff gleisch fliescht'er uff
die Fress
Er: Oooh, des tut weh, du bist än rischdische Hellseher

Sie: Von wesche Hellseher, isch bin aafach nur än Menschekenner
Er: Awwer hauptsach dadebei seu – do nimmt merr schon ä paar blaue Flecke in Kauf

Sie: Aafach lächerlisch iss des – un des End vom Lied iss ja oft, daß unser Krankekass dene ihrne tolldreiste Ausflüsch teuer bezahle muß
Er: Stimmt. Unn mir Rentner, mir sinn die Deppe, mir könne des aus Solidarität mitbezahle

Sie: Solidargemeinschaft, daß isch ned lach, die aane fahrn Rollerskäts und die annern bezahle dodefer
Er: Apropo bezahle, da gugg nur, de Schäfer Franz sammelt widder für die Caritas

Sie: Amol im Johr mäscht der seu Tour
Er: Isch hol schon ämol 's Bortmonee, der kimmt garantiert gleisch ärüwwer

Sie: Da gugg, die alt Kempf hat'er schon abkassiert
Er: Jetzt kimmt'er zu uns, wette

Sie: Do kannst aan druff lasse
Er: Was hab isch gesaacht, der kimmt

Sie: Na, Herr Schäfer, widder ma uff Sammeltour?
SchäfEr: Iss ja für än guude Zweck

Sie: Was mache'se eischendlisch mit dem Geld?
Schäfer: Ei, isch nix, awwer des kimmt alles äm guude Zweck zuguude
Sie: Zum Beischpiel?

Schäfer: Was waas dann isch, Juchendawweit, Krankehilfe, Schuldeberatung

Sie: Pflesche aach?
Schäfer, Ei, isch denk schon, 's Elend iss ja üwwerall

Sie: Awwer mir ham doch ä Pflescheversischerung, 's wird aam ja jede Monat von de Rente abgezooche
Schäfer: Was waas dann isch, isch sammel doch nur

Sie: Wenn mer sammelt, dann sollt merr schon wisse vorfür merr sammelt
Schäfer: Hauptsach für än guude Zweck

Er: Zeisch ma deu Liste her, isch will ma sehe was die annern gegewwe hawwe
Schäfer: Bitte sehr

Er: Do gugg nur Trude, was die alt Kempf gegewwe hat, zehe Euro
Sie: Unn die Schneidern, gugg, aach zehe Euro

Er: Isch hab aber jetzt gar kaan Zeheeuroschein in meim Bortmonee
Sie: Was hasde dran drinn?

Er: Ei, nur ä Zwaaeurostück
Sie: Herr Schäfer, dess iss awwer aach ä Pech, hier sinn zwaa Euro, Klaavieh mäscht aach Mist

Schäfer: Jedes bissi hilft – noch ä Unnerschrift un dann än scheene Daach noch
Sie: Ihne aach
Er: Bis zum nächste Jahr

Sie: Zwaa Euro sinn noch zuviel für die Bande
Er: Die sammeln doch nur, damit die Chefs von de Caritas sisch ma widder neue Möbel für ihr Büro kaafe kenne

Sie: Oder än neue Dienstwaache, mit dem se dann aach privat fahrn könne
Er: Na, mit zwaa Euro komme die awwer ned weit

Sie: Solle se doch laafe
Er: Genau – wie häsd's so schä?

Sie: Wie?
Er: Brot für die Welt – awwer die Worscht bleibt hier
Sie: So isses!

Lichtallergie-Kure

Sie: Merkwürdisch, die Dietrich hat ihrn Lade noch gar ned hochgezoche
Er: Jetzt wodes sächst, fällt mer dess aach uff

Sie: `S werderer doch nix passiert seu?
Er: Soll isch die Polizei aaruffe?

Sie: Wart liewwer noch ä bissi, dann gehsde ärüwwer un klingelst ämol bei derer
Er: Bei äm Herzinfakt, do zählt jed Minut

Sie: 'S muß ja ned gleisch än Herzinfakt seu
Er: Klar, 's könnt aach ä Lischtallergie seu

Sie: Ä was?
Er: Ei des, was die Hannelor do in Oggersheim gehabt hod

Sie: Ach so, du maanst, die Dietrich häd sowas jetzt aach gekrieschт und sitzt im Dunkele ärum
Er: Könnt ja seu, mer waas es ned

Sie: Heutzudaachs ist alles möchlisch, mansche Krankheide breide sisch ja empide....äh rasend schnell aus
Er: Du maanst epedemiemässisch

Sie: Genau dess maan isch, so wie Ääds oder des Lasso Fieber
Er: Lassa, wenn schon

Sie: Ei, sach isch doch. Awwer stell der ämol vor, du dädst so ä Lischtallergie krieje, was dädstn da mache?
Er: Des wär werklisch die schlimmste Krankheit, die isch kriesche könnt, do könnt isch ja gar ned mehr mit dir hier am Fenster sitze

Sie: Dess glaab isch derr uffs Wort, des wär werklisch schlimm.
Er: Ob de Heino aach so ä Allergie hat?

Sie: Wie kimmsde dann jetzt do druff?
Er: Ei, weil der doch immer so ä dunkel Sonnebrill uffhad

Sie: Dess könnt schon seu. Dess iss eichentlisch die Idee für so Lischtpatiende, Sonnebrill uff und ferdisch
Er: Kannste mal sehe, mir komme do uff Abhilfe un die Hannelor, die Kanzlergattin, die bringt sisch gleisch um, ohne ma nachzudenke

Sie: Waasd du was isch denk?
Er: Ei was dann?

Sie: Isch glaab, das des mit der Lischtallergie nur so än Vorwand war, damit mer von dere ihre Depressione abgelenkt werd
Er: Ewwe, dess glaab isch aach

Sie: Wenn isch dem Kohl seu Hannelor gewesse wär, wär mers vielleischt aach so gegange. De ganze Daach allaa, der Kerl dauernd unnerwegs Spende sammle, do kann mer schon vereinsamme
Er: So wie de Herzoch

Sie: Was für'n Herzoch?
Er: Ei, de ehemalische Bundespräsident Herzoch

Sie: Ach so, ja, die Männer, kenne awwer aach ohne
Fraa ned existiern
Er: Ei des waas de Herrgott aach und deshalb gibt's
aach viel mehr Witwe als Witwer

Sie: Ob der Kohl sich aach wieder ä neu Fraa zulescht?
Er: Ei sischer, der wird bestimmt aach ned koche
kenne, wie de Herzoch

Sie: Awwer 's iss schon erstaunlisch, wie schnell de
Herzoch sei geliebte Christiane vergesse konnt
Er: Wo's doch haast, daß Liebe ewisch wärt

Sie: Du dädst dir bestimmt aach nach aam Jahr ä anner
nemme, wenn isch dod wär
Er: Ei, isch kann doch aach ned koche, soll isch viell-
eischt verhungern?

Sie: Isch hab immer gedenkt, daß du misch liebst?
Er: Ei, isch lieb disch ja

Sie: Aans kann isch derr saache, wenn isch vor dir
sterwwe sollt und isch seh vom Himmel aus, daß du ä
anner nach mir nimmst, dann kannsde was erlewwe,
wenn de do äruffer kimmst
Er: Ok, isch verspresch derr, isch werd mer kaa anner
nemme. Isch kann mer ja aach Esse uff Räder komme
lasse

Sie: Des iss ä guud Idee, do bisde dann aach viel
schneller wieder bei mer, bei dem Fraas
Er: Na, dann mach isch liewwer än Kurs beim
Volksbildungswerk

Sie: Du bist heut ganz schö fresch
Er: Awwer nur ä bissi

Sie: Da gugg, de Dietrich ihr'n Sohn sperrt's Tor uff
Er: Der guggd halt nach seuner Mutter – gugg, der zieht jetzt alle Rolläde hoch

Sie: Unn jetzt geht der aach schon widder
Er: Vielleischt iss die in Urlaub gefahrn!?

Sie: Ach, stimmt ja, des had die mir ja letzt Woch erzählt. Die iss in Kur.
Er: Kann mer dann Lischtallergieä in de Kur heile?
Sie: Lischtallergieä kann mer ned heile

Er: Wieso fährt die dann in Kur?
Sie: Kasse schädische, was sonst

Er: Des gehört werklisch verbode
Sie: Was?

Er: So Lischtallergie-Kure
Sie: Do hasde reschd

Dess letzte Wort

Sie: Sach ma
Er: Was?

Sie: Sach ma, warum streicht'n der Domes schon widder seun Zaun?
Er: Vielleischt war Farb im Aagebot?

Sie: Der Zaun war doch noch hunnertprozentdisch in Ordnung
Er: Könnt ja seu, daß Rost heutzudaachs aach mo von inne kimmt, oder?

Sie: Erzähl hier kaan Scheiss!
Er: Iss ja schon guud - 's wird halt so seu wie üwwerall, nämlisch, daß der was mache muß, was'n von seune Fraa entfernt

Sie: Versteh isch jetzt ned, ehrlisch
Er: Na, der hat doch ä bös Fraa unn da guggt der, daß der ned so viel in dere ihrne Näh iss

Sie: Wieso had der ä bös Fraa?
Er: Kannst ja ma Freidaachs mit zum Sporteck komme, die erzähle derr dann schon wie schlimm der's hat

Sie: Stammtischparole!
Er: Nix da – de Karl, des iss dem seun Bruder, der hat da einisches erzählt

Sie. Ei, was dann?

Er: Also, wenn der von de Awweit haamkimmt, muß der erstma seu Schuh ausziehe

Sie: Ja und? Des iss doch ned so schlimm
Er: Eischendlisch ned, awwer der muß dann so komische Pantoffel mit Mäusemotiv aaziehe

Sie: Dess find'st du schlimm?
Er: Ei, dess noch ned, awwer was dann kimmt schon

Sie: Ei, was kimmt dann dann?
Er: Dann dirigiert die den wie än Roboder!

Sie: Versteh noch immer nix!
Er: Ei, der wird dann mit Hausawweid schikaniert
Sie: Ä bissi helfe kann doch än Mann immer, oder?

Er: Schon, awwer ä bissi Freizeit braucht än berufsdädische Mann schon, oder?

Sie: Ja schon, awwer zuviel Freizeit iss aach ned guud, da komme die Männer nur uff dumme Gedanke
Er: Dumme Gedanke kenne mir uns aach ohne Freizeit mache!

Sie: Wie mannst'n dess jetzt schon widder?
Er: Vergiß es!

Sie: Isch vergeß jetzt ämol gar nix! Raus mit de Sprach!
Er: Mäusje, jetzt dreh ned gleisch dorsch, dess war ja nur ä Beischpiel, daß mer än Mann ned dressiern kann, wie än Feldhaas

Sie: Än Feldhaas kann merr doch ned dressiern!?
Er: Ei än Mann doch aach ned

Sie: Awwer ä bissi an die Leine kann merr den schon nemme.
Er: Des iss wie bei de Hunde, mansche dürfe ohne Leine Gassi gehe, mansche hawwe ä lang Leine und mansche wern ganz korz geführt

Sie: Unn wie werd dann jetzt de Domes geführt?
Er: Der?

Sie: Raus mit de Spraach!
Er: Der wird geführt wie än Schlittehund

Sie: Wie än Schlittehund?
Er: Sischer. Der kriescht zwar tächlisch seu Fresse, dodefer muß'er awwer ä ganz schö Last ziehe!

Sie: Ei, was dann für ä Last?
Er: Die Last liescht in dem seune Erkenntnis, daß'er nix zu melde hat

Sie: Zeisch mir aan Mann, der was zu melde hat?
Er: ... (üwwerlescht).... eischendlisch....

Sie: Geb's zu, daß ihr nix zu melde habt!
Er: Awwer dess mache mer nur eusch zuliewwe

Sie: Was?
Er: Na, daß mir so due, als wenn mer uns unnerwerfe däde

Sie: Ihr dud nur so?
Er: Ei, klar. Damit ihr maant, ihr wärt diejenische, die des Saache ham

Sie: So än Käs hab isch schon lang ned mehr geheert. Mir Fraue ham doch ned mehr zu saache wie ihr

85

Mannsleud
Er: Wer had dann immer's letzte Wort?

Sie: Ei isch lesch da kaan Wert druff
Er: Na dann

Sie: Ewwe
Er: Test!

Sie: Was?
Er: Test, ob du des letzte Wort hawwe willst

Sie: Will isch doch gar ned
Er: Na dann iss ja guud

Sie: Rischdisch
Er: Schön, daß isch aach ämol des letzte Wort hawwe derf

Sie: So sinn merr, mir Fraue, lasse euch des letzte Wort
Er: Dann habisch jetzt werklisch dess letzte Wort?

Sie: Klar!
Er: Amen

Sie: So isses!

Ehrung von de Torngemeinde

Sie: Kannst du mer maa saache, wer die Hitz do bestellt hod?
Er: Des kann isch der saache, die bleede Sonneanbeeder

Sie: Vierundreisisch Grad unnerm ausgeklappte Rollade, des hält doch kaa Sau aus
Er: Die wolles ja ned annerster, die Bleede

Sie: Da schwitzt mer ja schon, wenn mer nur ma uffs Klo geht und drückt
Er: `S ganze Jahr schreie se nach de Sonn, dodebei iss es doch am scheenste so um die vierunzwanzisch Grad mit äm leichte Lüftscher

Sie: Genau, awwer wenn die Wetterkart ned ä riesisch Sonn üwwer ganz Deutschland zeischt, dann iss bei dene de Daach gelaafe
Er: Möscht wisse, was die Bagasch jetzt so mäscht, außer sich's Ozon euzuverleiwwe

Sie: Volle Pulle in die Sonn geknallt, damit mer aach sieht, wie braun än Bleede wern kann
Er: Ei die nutze des halt aus, do sparn die jede Menge, wenn se ned ins Sonnestudio müsse

Sie: Awwer braun müsse se wern, die eitle Fratze
Er: Geheert halt zum Jungseu wie's Ozon zu den Sonn

Sie: Unn dann in dene Schwimmbäder noch ä Portion Chlor eugeschnüffelt und am Mondach geht's zum Dokter, weil sisch Allergije eugestellt hawwe

Er: Un des widder ma alles uff unser Koste
Sie: Un die Waldbränd, was die erst koste, 's ganze Klima geht de Bach änunner
Er: Apropo Waldbränd. Hast du gewußt, daß die von de freiwillisch Feuerwehr Auslaacheersatz kriesche, wenn die zu so äm Brand gerufe wern?

Sie: Nö du, isch hab gedacht, daß des freiwillisch wär
Er: Von wesche, die kassiern bei so Eusätz ab, so wie de Hillisch Bernd

Sie: Du mannst, der kriescht genauso viel Monete, ob der jetzt in de Fabrikhall steht oder bei so äm Containerbrand ma kurz de Schlauch äneuhält?
Er: Ei sischer, un hinnerher noch ä schee Brandwach geschobe

Sie: Des iss mer de Rischdische, sisch freiwillisch von de Awweit drücke
Er: Un immer de erste am Ort des Geschehens, die Neuschier

Sie: Sach ma, kriesche die aach Kohle, wenn die wie letzt bei der Ehrung von de Torngemeinde hinne mit ihrne Uniforme dumm rumstehe?
Er: Ei klar, oder maanst du, die mache des freiwillisch?

Sie: Wenn mer schon ämol dodebei sinn, waast du was mer die Roth erzählt hat?
Er: Sischer, isch war ja dodebei

Sie: Wo warst dann du do debei?

Er: Ei fraach doch ned so dumm, ob isch des wüßt, wenn isch eh ned dodebei war

Sie: Also, die hat mer erzählt, daß de Picard Heinz kaa Woch nach seuner Ehrung bei de Torngemeinde aus'm Verein ausgetrete iss
Er: Ach komm!

Sie: Ei sischer, un waasde aach warum?
Er: Warum?

Sie: Weil einische von dene Lewwensmittel in dem Präsentkorb 's Verfalldatum schon längst üwwerschritte hatte
Er: Des iss awwer aach ä stark Stück, bezählt der fünfunzwanzisch Jahr Beitrach, nur das der dann ma geehrt werd und dann so was

Sie: Des war awwer kaan Zufall
Er: Hä?

Sie: Die hawwe mit Absischt so alte Dinger do äreugeleescht
Er: Du maanst, die hawwe de Picard äreugeleescht
Sie: So kennt mer's aach saache un isch waas aach warum

Er: Ei warum dann, machs ned so spannend?
Sie: Ei, weil der mit seum Beitraach saache un schreiwwe fünf Jahr im Rückstand war

Er: Nur fünf Jahr? Isch bin schon fünfunzwanzisch Jahr im Rückstand mit meum Beitraach bei de Torngemeinde

Sie: Du bist ja gar kaa Mitglied bei dene

Er: So weit käms noch, daß isch dene ihrne Tennisplätz finanziern däd, damit die Sonneanbeeder uff meu Koste dort ärumhippe könnde

Sie: Du bist halt ned so bleed wie der bleede Picard
Er: Isch geh ja aach ned in die Sonn un lass mer's Gehirn uffkoche

Sie: Apropos koche, komm, de Laafer kimmt gleich im Fernseh un kocht
Er: Bei der Hitz?

Sie: Iss ä Wiederholung!
Er: Dene fällt aach nix mehr neues eu, oder?

Sie: Ei sischer, die sinn mit ihrne Ideen halt aach ämol am End
Er: Oder in Urlaub

Sie: Sälber maa des knusbrische Hähnsche spiele, haasd des Motto uff Mallorca
Er: Schmore im eischene Saft, un dadezu gibt's ä schee Tiroler Nussöl

Sie: Mahlzeit

Nervesäsche

Sie: Der Willibald nervt heut awwer widder unner aller Sau
Er: 'S geht äm Winter zu

Sie: So viel schneie kanns bei uns doch gar ned, wie der Holz mäschd
Er: Wenn Gebete erhört wern däde, däd dem seu Kreissäsch jetzt verrecke

Sie: Un dem seun Kreislauf noch dadezu
Er: Des war jetzt awwer ä bissi hart

Sie: Des Lewwe iss hart
Er: Kennste den Spruch: Wen Gott liebt, den holt er zu sisch?

Sie: Den kenn isch, de Willibald kann de liewwe Gott also ned lieb hawwe
Er: Sieht so aus!

Sie: Was will de liewwe Gott aach mit so äm Krachmacher im Himmel?
Er: Stell derr ämol vor, de Willibald kimmt in de Himmel und nirschends iss ä Kreissäsch zu finne

Sie: Ei, der wird verrieggd
Er: Verriegd iss der doch schon lang

Sie: Was der an Holz do zu sitze had, des langt mindestens für zwanzisch sibirische Winter
Er: Mindestens

Sie: Unn stinke tut dem seun Kamin dann aach noch mindestens zwanzisch Jahr
Er: Ei, mannst dann du, daß bei dene Ölpreise noch irschendjemand uff irschendwas ä Rücksischt nemme ded?

Sie: Ei, do misse merr halt aach uff Holz umsteische, aach wenn's dann stinke sollt
Er: Unn wer soll uns des Holz dann bringe unn klaamache?

Sie. Ei du, du Dabbes, wer dann sonst?
Er: So weit käms noch, daß isch hier de Aff mach, nur weil de Hobbyholzfäller do newweaa än Holzklaaschneidtick hatt

Sie: Ä bissi Beweschung könnt dir gar ned schade
Er: Unser aans iss froh, wenn die Kautsch uff aan wart

Sie: Üwwerlesch doch ämol, was mir do sparn könnte im Jahr, wenn mir mit Holz heize däde
Er: Saach ma, willst du mich mit aller Gewalt zu äm Herzinfaktkandidate mache?

Sie: Mäusje, wo denksde dann hie? Schon ämol was von Fitness gehört?
Er: Nach dem Motto: Nur die Stärkste üwwerlewwe?

Sie: Quatschkopp, reschne derr doch nur ämol aus, was mir do im Jahr sparn däde – isch denk, do iss mindestens än Urlaub drin
Er: Ei, wo dann? Uff so äner Fittnessfarm? Wo de de ganze Daach geqäult und eugeschmiert werst? Nee du, dodefer hack isch doch kaa Holz.

Sie: Ei gugg der doch de Willibald und die Karla aa –

die gönne sisch jedes Jahr ihrn Urlaub und sehn blendend aus
Er: De Willibald had ja aach nix zu melde dehaam

Sie: Wieso had der nix zu melde?
Er: Ei, wenn der was zu melde hätt, däde die ned jed Jahr wegfahrn

Sie: Ei warum dann ned?
Er: Ei, weil der immer total aus seum Rhythmus kommt

Sie. Was für'n Rhythmus?
Er: Hast du ned gesehe was der für Schwierigkeide hat, wenn der aus'm Urlaub zurück kimmt?

Sie: Was maanste dann?
Er: Ei, isch maan, wie der sisch schwer dud, nach seum Urlaub in den gewohnte Kreissäscherhytmus zurückzukehre

Sie: Erzähl hier nix vom Pferd. Apropo - 's wird Zeit, daß de in deun tächlische Mühlaamer- Entleerungs-Rhythmus kimmst – awwer ä bissi flott -'s stinkt schon in de Küsch
Er: Kaa Panik, lass ämol den Wilibald zuend säsche, dann bring isch des Stinkische schon zur Mülltonn

Sie: Awwer ned, daß de de Deckel widder zumäscht, wie's letzte ma
Er: Bin isch dann bleed? Der soll doch aach seun Spass hawwe, wenn mir de ganze Daach Lärm hawwe
Sie: Hoffentlisch kimmt de Wind aus de rischdisch Rischdung
Er: Hoffe mer's – zumache kenne merr den Deckel ja noch immer

Sie: Komm in die Gänge
Er: Der säscht doch noch

Sie: Awwer die Karla doch ned
Er: Du maanst, die könnt schon ämol ä Prise nemme?

Sie: Sischer – unn vergeß ned des alde Katzefutter in die Mülltonn zu lesche
Er: Dess alaa däd ja schon reische um ä Kompanie auszuräuschern

Sie: Wer säschd, muß leide
Er: Auche um Auche

Sie: Wer klaabeigibt verliert
Er: Des kenn isch aus de eischene Reihe

Sie: Was maanst de dann jetzt schon widder?
Er: Nix!

Sie: Dann iss ja gut!

Best. Nr. 080401.

de Ginder

Willi und Heiner

Wenn Sie immer schon wissen wollten, wie in hessischen Landen der einfache Mann über die wesentlichen Dinge des heutigen Lebens denkt, dann müssen Sie die Dialoge von Willi und Heiner in der Originalsprache lesen. Rasch werden Sie wissen warum man kein Hendi braucht, wozu Compjuder von Aldi gut sind, was es mit Big Brasser auf sich hat und auch, warum man sich einfrieren lassen sollte. Erfahren Sie alles über Gallestaa und vor allem: lachen Sie doch mal wieder.

www.The-Short-Story.com